ŒUVRES

DE

SAINT-SIMON & D'ENFANTIN

PUBLIÉES PAR LES MEMBRES DU CONSEIL

INSTITUÉ PAR ENFANTIN

POUR L'EXÉCUTION DE SES DERNIÈRES VOLONTÉS

ET

PRÉCÉDÉES DE DEUX

NOTICES HISTORIQUES

SIXIÈME VOLUME

PARIS
E. DENTU, ÉDITEUR
LIBRAIRE DE LA SOCIÉTÉ DES GENS DE LETTRES
PALAIS-ROYAL, 17 ET 19, GALERIE D'ORLÉANS

1866

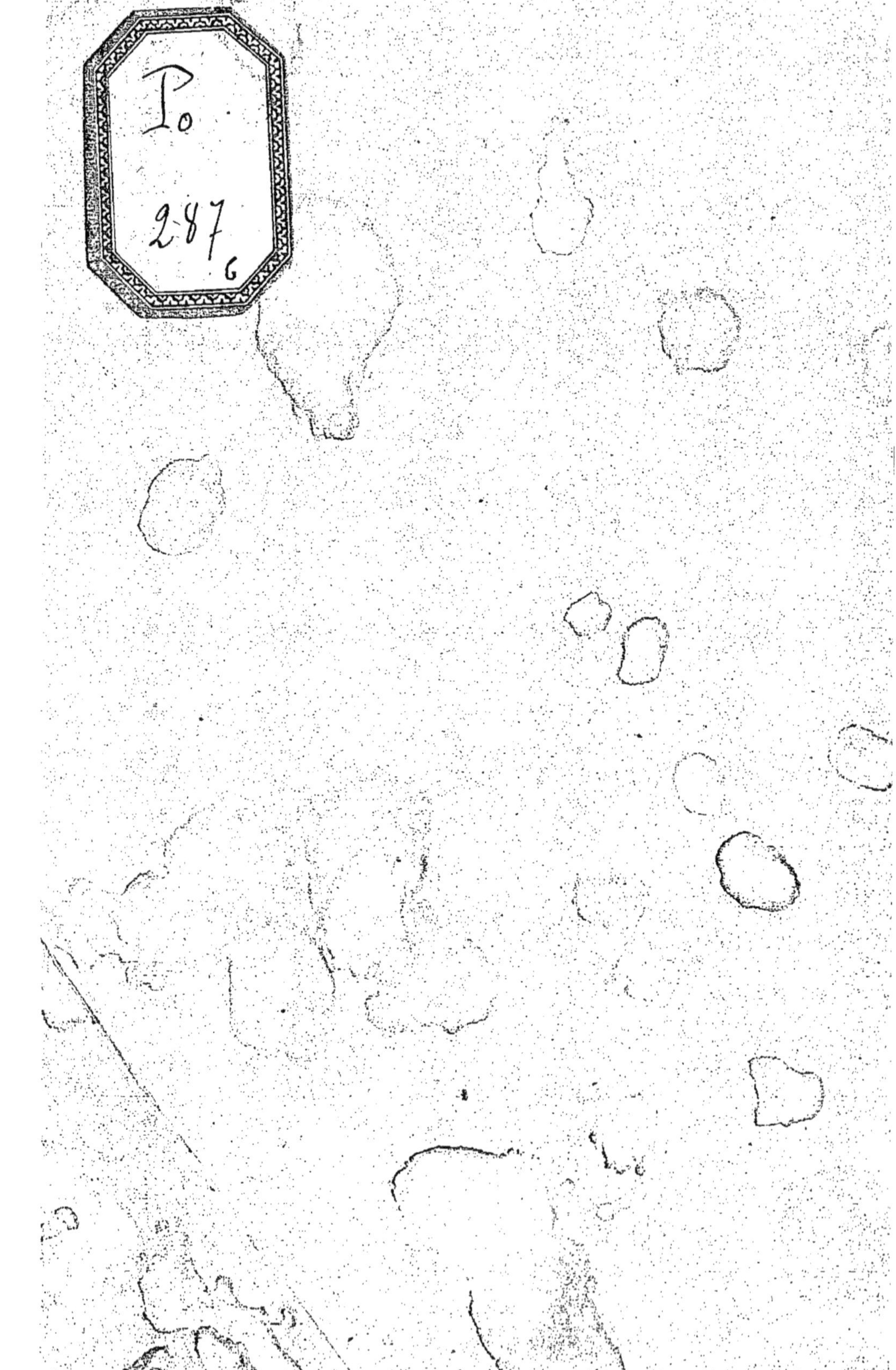

ŒUVRES

DE

SAINT-SIMON & D'ENFANTIN

VI

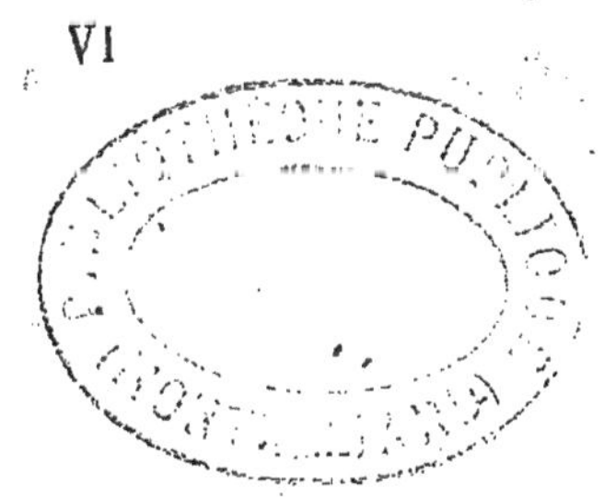

Imprimerie L. TOINON et Cᵉ, à Saint-Germain.

ŒUVRES

DE

AINT-SIMON & D'ENFANTIN

PUBLIÉES PAR LES MEMBRES DU CONSEIL

INSTITUÉ PAR ENFANTIN

POUR L'EXÉCUTION DE SES DERNIÈRES VOLONTÉS

ET

PRÉCÉDÉES DE DEUX

NOTICES HISTORIQUES

SIXIÈME VOLUME

PARIS

E. DENTU, ÉDITEUR

LIBRAIRE DE LA SOCIÉTÉ DES GENS DE LETTRES

PALAIS-ROYAL, 17 ET 19, GALERIE D'ORLÉANS

1866

NOTICES HISTORIQUES

II

ENFANTIN

(SUITE)

XVII

(1832)

(Février.)

La combinaison hiérarchique, essayée par Enfantin, en novembre 1831, acceptée un instant par Bazard, puis repoussée par lui, et maintenue à demi par le concours persévérant de Rodrigues, se trouvait désormais complétement abandonnée, après la séparation éclatante de ce dernier. Le chef du *culte* imitait le chef du *dogme* et lançait, à son tour, des manifestes contre les théories du père suprême, en s'abstenant toutefois d'y laisser trop dominer l'esprit de récrimination et d'aigreur.

Privé par là de l'appui de deux hommes qu'il avait proclamé lui-même les plus forts parmi les forts dont il était entouré; vivement combattu, au lieu d'être puissamment soutenu, et par l'initiateur enthousiaste qui lui avait transmis la direction suprême de la doctrine saint-simonienne, et par le docte et fier collaborateur avec lequel il avait partagé pendant six ans l'exercice laborieux de cette suprématie, Enfantin ne semblait-il pas toucher réellement au terme fatal marqué à sa dictature paternelle, dans la dernière lettre de Bazard à Rességuier ?

Et le saint-simonisme lui-même, après la dispersion de ses premiers apôtres, après les scissions successives d'élèves, de disciples ou d'adeptes de Saint-Simon, tels qu'Augustin Thierry, Aug. Comte, Buchez, Rouen, Bazard, Jean Reynaud, Pierre Leroux, etc.; le saint-simonisme, ainsi délaissé ou divisé, ne recevait-il pas enfin le coup mortel, quand l'héritier direct de Saint-Simon sortait avec éclat de la hiérarchie saint-simonienne qu'il avait fondée, et qui donnait seule alors un corps, un verbe, LA VIE, à la pensée du maître ?

La foi mourante des esprits faibles et le doute

vivace des esprits forts s'accordèrent, s'égarèrent assez, en effet, pour faire dire à la foule dédaigneuse ou malveillante, formée des vieux croyants et des modernes sceptiques, que l'apostolat dictatorial d'Enfantin, à bout d'efforts et de sacrifices, allait expirer, et que le saint-simonisme ne lui survivrait pas.

Les apparences autorisaient cette conjecture, mais elles pouvaient être trompeuses. On oubliait trop que l'idée religieuse qui délivra le monde des religions et des philosophies de l'antiquité, lesquelles étaient toutes plus ou moins favorables au système des deux natures, c'est-à-dire à la servitude native de la classe la plus nombreuse et la plus pauvre, à l'esclavage héréditaire du plus grand nombre des créatures humaines; on oubliait trop que cette idée libératrice fut entourée, à son berceau, de controverse, de scission et même de trahison; que ses premiers propagateurs eurent à extirper, dans leur sein, le schisme et l'hérésie; que les chefs des apôtres, Pierre et Paul, donnèrent eux-mêmes l'exemple de la divergence, et que leurs disciples, se répandant par toute la terre et parlant toutes les langues, purent annoncer et interpréter la bonne nouvelle, chacun selon les convenances diverses des temps et des lieux, sans parvenir, pendant trois siècles, à formuler et à consacrer universellement un *Credo* commun, et sans compromettre toutefois, par ce défaut d'unité, l'avenir réservé aux principes de liberté, d'égalité et de fraternité qui formaient la base sociale des croyances chrétiennes.

Les contemporains du saint-simonisme qui naissait dans l'obscurité et se déchirait de ses propres mains, devaient faire comme aurait fait, selon la remarque de Chateaubriand, le Romain de la cour d'Auguste, passant devant la caverne des apôtres, au moment où les douze pêcheurs de la Judée dressaient la profession de foi du genre humain, et n'éprouvant qu'un sentiment de *mépris* pour cette *troupe superstitieuse* qui allait donner un Dieu unique, un père commun à tous les hommes, dégoûtés enfin de leurs impures et brutales divinités.

Mais le saint-simonisme, qui avait la prétention de remplacer ou de renouveler le christianisme, en le développant et le complétant, devait résister aussi, comme lui, aux dédains du monde, aux persécutions du pouvoir, à tous les tiraillements de la croissance. Ceux de ses fondateurs, qui s'éloignaient, avec ou sans amertume, de la direction centrale qu'ils avaient contribué à établir, se proclamaient en même temps les fidèles et vrais gardiens de la foi saint-simonienne. Aucun d'eux ne reniait ni le maître ni la doctrine.

Bazard et Rodrigues, en se retirant, avaient invoqué avec plus d'insistance que jamais le nom de Saint-Simon; et Enfantin, en se prévalant, pour bien constater sa supériorité, de l'initiative qu'il avait constamment exercée dans l'élaboration extensive de la doctrine, ne cessait pas de faire remonter au maître commun tout ce qu'il déduisait du *nouveau christianisme*. C'était Saint-Simon qui agissait en lui et par lui. Il le disait en toute circonstance, il le déclara hautement à la séance du 18 février, lorsque d'Eichthal formula ainsi son *Credo* particulier : « Je crois en Dieu, je crois en Saint-Simon, et *je crois que Saint-Simon est en vous.* » — « Tu l'as dit, lui répondit Enfantin; je ne te demande pas autre chose. »

La foi en SAINT-SIMON restait donc entière chez tous ceux qui en avaient été pénétrés, chez les dissidents qui avaient suivi Bazard ou Rodrigues, comme chez les fidèles d'Enfantin. Il y avait toujours certains points de doctrine qui gardaient leur caractère symbolique et indélébile, ainsi que nous en avons fait la remarque à propos de la séparation de Bazard, et qui constituaient déjà fortement ce que le maître avait appelé le *nouveau christia-*

nisme. La force et la profondeur de cette croyance primitive ont été admirablement exprimées, dans ces lignes que nous empruntons aux *Mémoires* d'un prédicateur qui accompagna Jean Reynaud dans sa retraite :

« Oui, dit Charton, je sais qu'un jour, devant moi, quelques voiles brillants se sont détachés. J'ai été effrayé, les voyant tomber ainsi, car d'abord j'ai cru follement que c'était l'azur même du ciel qui se déchirait.

» A cette heure même, je ressens encore au cœur les traces d'un serrement douloureux ; mais, malgré mon isolement et ma faiblesse, je suis calme et confiant.....

» Un jour, ajoute Charton, dans une discussion, un jeune député venant à confondre avec le principe de l'abolition progressive des priviléges de la naissance l'utopie de la communauté des biens, involontairement je m'écriai : « Mais *nous* ne disons pas cela. » Au même instant le fils d'un général de la république me prit la main et m'attira dans une autre partie de la salle ; nous eûmes ensemble une longue conversation. Depuis ce moment, quand on m'interrogeait sur mes opinions philosophiques ou politiques, je répondais : *Je suis saint-simonien.* »

Enfantin ne contestait ce titre à aucun de ceux

qui le revendiquaient en dehors de sa communion; il leur reprochait seulement de rendre leur persévérance stérile et de s'annuler dans l'isolement ou dans l'anarchie, faute de reconnaître que le grand mort, dont ils invoquaient le nom, continuait sa prophétie, sa révélation, sa vie apostolique, non pas au fond d'une tombe froide et solitaire, mais dans une poitrine vivante, dans le cœur et dans la tête d'un successeur, comprenant bien les conditions et l'essence de l'autorité nouvelle, et capable de le faire revivre et grandir en audace novatrice et en inspiration religieuse.

Écoutez plutôt Enfantin dans sa réponse à d'Eichthal, qui reconnaît, lui, Saint-Simon dans son successeur, et qui remplit auprès de ce dernier, par une insistance à la fois affectueuse et hardie, le rôle de provocateur aux explications du maître et au développement de l'enseignement évangélique.

« Comme tu es un exemple très-précieux, dit-il, de la persécution sainte que le supérieur éprouve de la part de l'inférieur, j'ai désiré que l'on sentit par toi-même la différence qui existe entre l'opposition religieuse de notre petit monde et l'opposition aigre, hostile, défiante, que le pouvoir rencontre dans le grand monde; là, on peut bien, parfois, faire à un homme que l'on considère comme bien au-dessus de soi, des observations respectueuses; on peut lui adresser la prière du disciple qui veut s'éclairer, qui réclame modestement des conseils, et qui obéit même facilement aux prescriptions de son maître; mais combien est étroit le champ où s'exerce cette obéissance, si on le compare à celui où s'exerce la vôtre! Là, elle prend tout au plus une portion très-faible de la vie; ici, nous l'embrassons toute entière. J'appuie sur ce sujet parce qu'il est de nature à vous faire comprendre pourquoi nous avons dû être délaissés par des hommes tels que Leroux, Reynaud, Jules, Transon, Carnot; enfin par tous ceux qui nous ont quittés à l'époque de la séparation de Bazard. Ces hommes n'ont jamais senti qui je suis.

» Tous sont susceptibles du plus généreux dévouement pour des principes, pour des idées qu'ils aiment, et auxquels ils croient aveuglément; mais ils auraient honte de confesser le même amour pour des hommes, comme si Dieu n'*incarnait* pas son *Verbe*, comme s'il ne révélait pas sa volonté sur l'homme par l'homme même.

» Mais aussi aucun d'eux n'a jamais été religieux; ce qui le prouve, c'est qu'ils ne proclament plus aujourd'hui leur *foi*, et qu'ils ne parlent plus de leur Dieu; ce qui le prouve encore, c'est qu'ils ne sont reliés ni avec nous, ni même entre eux ; ils sont seuls, séparés, divisés, sans autre religion qu'eux-mêmes, sans autre *hiérarchie* que les caprices de leur *anarchie*..... »

Enfantin ajoute :

« Lorsque l'humanité se transforme par et pour une *religion* nouvelle, des hommes qui, jusque-là, avaient joué un rôle obscur, se lèvent et brillent ; et, d'un autre côté, des astres de l'ancien monde s'éclipsent, s'effacent, tombent. Ce double phénomène se reproduit encore parmi les hommes mêmes qui, les premiers, s'éclairent de la lumière nouvelle et la répandent ; plusieurs s'étant déjà longuement développés dans le sein de la vie ancienne, viennent donner le reste de leur énergie aux premiers mouvements de la vie nouvelle, et là ils s'épuisent rapidement, et sont remplacés par les nouveaux-nés, par les fils qu'eux-mêmes ont engendrés. C'est ainsi que quelques puissants travailleurs ont déposé leurs pierres dans les fondations que creusa SAINT-SIMON, puis ont abandonné l'architecte ; de même bien des hommes qui nous avaient vigoureusement aidés à bâtir sur ces fondations de notre MAÎTRE, nous ont quittés et nous renient aussi.

» Ce phénomène que je signale dans la vie *humanitaire* est le même que celui qui, dans la vie *individuelle* se nomme la *vieillesse ;* et, lorsqu'à l'époque de la séparation de Bazard, alors que j'espérais lui voir prendre au milieu de nous une *retraite* sainte et respectée, je me suis servi de ce mot de *vieillesse*, et que j'ai parlé de *cheveux blanchis*, ceux-là ont bien mal compris ma pensée, qui ont vu, dans mes paroles, quelque chose d'injurieux et un signe de mépris et d'ingratitude.

» Le temps approche où les hommes du *passé*, devancés par ceux de l'*avenir*, pourront se réjouir, entourés de respects, d'avoir été dépassés ; le jour approche où la *vieillesse* ne sera plus l'objet des risées de l'*enfance*, où les hommes du *vieil âge* ne seront plus, comme l'a si bien dit BALLANCHE, les *victimes*, ni même les *martyrs* des hommes *nouveaux*. Alors naîtra ce sentiment si *religieux* qui présidera à la glorieuse distribution des *retraites*, qui pèsera dans une balance d'honneur les services rendus, qui comptera les jours bien remplis ; tandis que, dans une époque de transition, dans une société anarchique, ne plus réclamer d'un homme que les conseils de son *expérience*, c'est presque lui dire une injure ; reconnaître que sa vie active a été bien remplie, c'est pour ainsi dire le déclarer en *enfance ;* ainsi, un jour, qui devrait être un jour de glorification et de joie, n'est plus qu'un jour de deuil.

» MES ENFANTS, celui-ci en est encore un pour nous.....

» La vie d'apôtre le comporte peu, cependant il faut s'y préparer. Sans deuil, bien des méditations, bien des leçons seraient perdues ; sans deuil, bien des souvenirs ne resteraient pas gravés ; sans deuil, pas de RECONNAISSANCE.

» Demain nous commencerons une vie nouvelle ; les fanfares sonneront, et le *deuil* finira. »

Le deuil cessa, en effet, les fanfares sonnèrent ; le journal de la religion saint-simonienne publia ce manifeste : — « *Aux Lecteurs* du *Globe.*

» Vous que j'ai choisis pour vous adresser *le Globe*, parce que entre tous je vous ai jugés les plus capables de sentir et de propager l'enseignement qu'il renferme, je m'adresse à vous aujourd'hui, chargé par notre Père suprême de la direction de nos intérêts politiques et financiers, je vous dois le tableau de nos projets et de nos moyens.

» Ma voix vous est connue : chaque jour je vous transmets, avec mon empreinte particulière, ce que moi-même j'ai reçu. Voilà plus d'un an que la direction du *Globe* m'est confiée. Pendant tout ce temps j'ai été près de vous la parole de notre Père suprême Enfantin, et des deux hommes puissants qui tour à tour se sont assis à ses côtés,

Bazard et Rodrigues. Tous vous avez applaudi à mes nombreux travaux; tous ou presque tous vous avez modelé vos opinions politiques sur les miennes. Voici que, sous l'inspiration de notre Père suprême, j'ouvre une nouvelle carrière devant vos pas; je vous convie à m'y suivre. Si vous tenez à faire acte du plus généreux courage, s'il vous importe d'attacher votre nom à une œuvre sublime, je vous en offre l'occasion.

» Depuis un an, j'enseigne au monde, en vos personnes, la vanité des priviléges de la naissance et l'impuissance des fictions constitutionnelles, la raison d'existence et la mission de chaque parti et des principaux peuples européens; depuis un an, par vous, je fais passer au siècle le sentiment des merveilles de l'association et des grandes destinées réservées aux travailleurs. Je ne renie pas mon passé, je m'en glorifie, car pendant ce temps j'ai plus que tout autre contribué à asseoir le haut renom qui relève aujourd'hui nos œuvres politiques; je m'en glorifie, et j'en glorifie avec moi ceux qui m'ont inspiré; car, grâce à mes écrits, comme l'a dit notre Père suprême à sa famille assemblée, celui de ses enfants qui a un nom, c'est moi. Et cependant n'est-il pas vrai qu'alors, dans notre orgueil masculin, nous, ennemis des priviléges de la naissance, nous n'avions pas dans nos prévisions de place pour la femme, et que dans notre superbe européenne nous n'avions d'autre lot à offrir à l'Orient qu'un insultant mépris à la pointe des baïonnettes moscovites.

» Cette vaste lacune sera comblée par la conception morale que notre Père suprême vient de proclamer. Il appelle la femme à s'associer à l'homme sur le pied d'une religieuse égalité, et l'Orient à s'unir à l'Occident dans une sainte communion de sympathies, de pensées et d'efforts.

» Aujourd'hui enfin, après de pénibles déchirements, qui ont éloigné de nous des hommes qui nous sont chers, nous sommes tous rangés à la pensée de notre Père suprême, et nous sommes prêts à la développer. L'ère religieuse s'ouvre pour nous, car nous sommes tous pleins de foi en *lui* et en la destination humanitaire que son regard audacieux a démêlée dans la révélation de notre Maître. Pour nous commencent les travaux apostoliques, car le monde nous prépare de rudes assauts.

» Nous savons qu'un orage s'amoncèle sur nos têtes, et déjà les premiers coups de la foudre du siècle sont tombés à nos pieds sans qu'on nous ait vus pâlir. Eh bien ! nous acceptons avec calme la tempête; elle doit redoubler notre union et notre foi, car, pour la traverser, nous nous serrerons les uns contre les autres. La vieille société d'ailleurs est engourdie; pour se ranimer et entrer rajeunie dans la vie nouvelle, elle a besoin de l'éblouissement des éclairs et du fracas du tonnerre.

» Quand nous vînmes substituer la loi d'association entre les classes de la société, à la loi de concurrence qui consacre l'exploitation du *travailleur* par *l'oisif*, on nous signala comme des agitateurs prêchant la *loi agraire* et la *communauté des biens*. Nous venons aujourd'hui remplacer, par la loi d'association entre les sexes, le régime de fraude et de brutalité qui perpétue l'exploitation de la femme par l'homme; nous devons être désignés à l'indignation universelle comme les infâmes prédicants de la *communauté des femmes* et de la *promiscuité*.

» Ceux qui ne peuvent se départir des impitoyables préjugés de la morale antique, et ceux qui ne veulent d'aucune moralité, prétendront nous décerner l'infamie. Nous leur livrons notre vie toute entière; qu'ils nous aident à attester au monde le calme inépuisable qui est en nous; qu'ils donnent à la femme l'occasion de conquérir sa liberté en revendiquant fièrement sa part des affronts les plus sanglants; qu'ils aillent donc, car c'est là leur mission, c'est par là que leur tâche se lie à la nôtre.

» Pendant que ceux qui autorisent la prostitution et qui la brevètent nous accuseront de restaurer le plus avilissant des droits féodaux, pendant que ceux dont toute la vie a pour pivot l'adultère, affirmeront que nous sanctifions le mal, vous nous verrez, le visage toujours serein, annoncer solennellement au monde un nouvel ordre de relations qui doivent le purger de la prostitution avec ses brutalités, de l'adultère avec ses fraudes. Vainement le siècle couvrira d'un voile ses difformités; nous demanderons compte à nos accusateurs des victimes de leurs débauches ou de leurs frayeurs, de celles qu'ils ont sacrifiées dans leurs orgies, et de celles qu'ils ont offertes en holocauste pour préserver de la séduction leurs filles et leurs femmes. Nous en inscrirons, s'il le faut, le nombre sur leurs fronts. Et nous ne prendrons de repos que lorsque le mensonge et la violence se seront enfuis d'entre les hommes et les femmes; car c'est là le mandat que Dieu nous a donné.

» Et, non contents de cette œuvre de *morale*, nous poursuivrons le cours de nos travaux *politiques*. Nous révèlerons les uns aux autres les peuples et les partis qui se méconnaissent. Nous vous initierons, vous et les puissants de la terre, au *système méditerranéen*, dont la mise en pratique sera la conciliation des ennemis les plus formidables et les plus acharnés qui se soient divisé le monde de l'Orient et de l'Occident. Dans la vieille Europe, nous aurons surtout à tresser solidement, entre nous et les représentants de l'ordre ancien, le lien d'affection que de communes sympathies populaires ont établi entre nous et les supériorités du libéralisme.

» Ainsi l'œuvre du *Globe* sera double.

» Les travaux de l'ordre *moral* ont été confiés par notre Père suprême aux soins de Barrault, dont la voix vous a si souvent émus, et de Lambert, à qui je suis uni par une douce fraternité qui naquit à l'École polytechnique. La partie *politique* reste sous ma direction ; elle se combinera avec les efforts que nous tenterons près des sommités du siècle, pour leur révéler le rôle qui leur assurerait une haute influence sur les destinées du monde, et une place éternelle dans le cœur des nations[1].

» Notre tâche devenant nouvelle, notre per-

1. Les collaborateurs de Michel Chevalier, au *Globe*, étaient alors : Duveyrier, Barrault, d'Eichthal, Guéroult, E. et I. Péreire, Flachat, Lambert, Cazavan, Joncières, Lagarmitte, Cavel, Delaporte, Hercule Bourdon, Paul Rochette, Ferdinand Durand, etc.

sonnel doit se renouveler. Depuis trois mois, plusieurs hommes éminents par leurs lumières et leur logique se sont retirés du milieu de nous ; que des hommes, éminents par leur activité et leur dévoûment, accourent occuper leurs siéges. Parmi vous, il est des hommes généreux dont le noble cœur s'émeut des plus hautes résolutions à l'aspect d'un petit nombre d'hommes s'avançant toujours calmes et d'un pas toujours ferme sur un sol mouvant, sous un ciel en feu. A eux de se lever, à eux de venir demander à notre Père le baiser qu'il donne à ses fils. Voilà les *apôtres* qui doivent *catéchiser* les nations, voilà les *prêtres* dont tous voudront être les *fidèles*.

» Quand vinrent pour Napoléon les jours de la tâche européenne, les hommes de *raisonnement* et de *savoir* qui formaient d'abord le principal cortége du César, les Monge, les Berthollet, les Chaptal, les Laplace, furent éclipsés par les hommes d'*élan* et d'*exécution*, Eugène, Murat, Lannes, Lasalle, qui sentaient vivement l'œuvre de leur empereur, et qui se vouaient à l'accomplir avec une foi sans bornes en son génie sublime. Pour notre Père suprême se lèvera bientôt le *soleil d'Austerlitz*, autour de sa personne aujourd'hui le même mouvement s'opère.

» C'est parce que nous avons la foi, que nous sommes mûrs pour les grandes choses. Qu'on mette donc en parallèle notre ardeur, notre dévoûment, notre persévérance, avec l'ardeur, la persévérance et le dévoûment du comité-directeur qui, pendant la Restauration, a réglé les mouvements du corps électoral et les destinées de la France, et qu'on prononce?

» Quant à ceux qui se laisseraient effrayer des préventions dont nous sommes aujourd'hui l'objet, qu'ils réfléchissent sur la rapidité de transformation de l'opinion publique dans les sociétés modernes. Combien y a-t-il des premiers jours de 1789 aux premiers jours de 1793? Combien de l'avénement du Directoire en 1795 au 18 brumaire en 1799? Pour moi, lorsque je mesure, dans ma pensée, le besoin de régénération qui tient toutes les classes en éveil, l'impossibilité de ranimer l'industrie autrement que par le principe d'association substitué à la concurrence, et la puissante diversion qu'opèreront les femmes quand elles se sentiront une destination religieuse; je suis convaincu qu'avant quatre ans la France et l'Angleterre seront gouvernées sous l'inspiration saint-simonienne, qu'avant deux ans le système méditerranéen qui réunira l'Orient à l'Occident par un triple réseau de chemins de fer, de banques et d'écoles, sera le principal objet des méditations des diplomates, et qu'avant six mois le plan sera tracé du chemin de fer du Havre à Marseille, qui joue un grand rôle dans ce système.

» Voilà spécialement pour la politique.

» Quant aux finances, notre plan est simple, et il est neuf.

» Nous voulons réhabiliter la bourse, la sanctifier même après ablution ; mais nous ne remonterons pas de la bourse au temple ; nous descendrons du temple à la bourse. Nous ne concluerons pas de nos besoins financiers à la direction morale et politique que nous aurons à suivre ; nous concluerons de notre situation morale et politique aux moyens par lesquels ces besoins seront satisfaits ; car apparemment, si la voie que nous suivons est la meilleure, elle doit nous conduire infailliblement à réaliser les ressources nécessaires à notre sainte entreprise. Des *apôtres* ne font pas d'*affaires*. Hommes de foi et de dévoûment, ils s'adressent à ceux qui ont le cœur élevé, et leur demandent un acte de dévoûment et de foi. Hommes d'avenir, ils vont réclamer l'appui de ceux qui ont le sentiment des grandes choses, qui distinguent les astres à leur lever. Notre plan n'est pas de gagner la confidence du *public* par des actes honorables selon la moralité antique; nous n'attendons rien, en ce moment, que du petit nombre des hommes et des femmes qui sont assez forts pour sentir la haute moralité que nous devons avoir en notre sein, nous qui nous levons du milieu du monde, afin d'afficher, en vue de tous, une conception qu'au premier abord l'immense majorité doit juger immorale. A ceux-là seuls nous avons à nous présenter aujourd'hui pour obtenir d'eux assistance financière; mais auprès d'eux nous redoublerons nos sollicitations pressantes, car nous les jugeons des nôtres, et nous devons les revendiquer comme tels, afin qu'indirectement au moins ils concourent à l'apostolat.

» MICHEL CHEVALIER. »

A la voix d'Enfantin, le son des fanfares, succédant au deuil de Bazard et de Rodrigues, n'avait pas retenti seulement à Paris; il s'était rapidement répandu partout où le saint-simonisme avait pénétré, pour revenir de là au Père suprême et trouver un écho dans le *Globe*.

Chaque jour, cette feuille enregistrait de nouveaux témoignages de dévoûment et de confiance pour le maître VIVANT. Les pièces suivantes attestent combien l'appel aux hommes de bonne volonté et le signal d'une activité plus grande dans l'apostolat avaient été entendus par les membres épars de la famille saint-simonienne.

« Montpellier, 23 février 1832.

» Cher père Enfantin,

» Il y a longtemps que votre fils sentait vaguement le besoin de porter à votre cœur de père une confession complète. Jusque aujourd'hui j'avais retardé; pourquoi? je le sais maintenant. Il fallait que votre fils vous envoyât non pas une étroite et inquiète adhésion, mais un chant de reconnaissance, d'admiration et surtout d'*amour*.

» O mon Père, votre puissante parole m'a mis en communion avec une moitié des hommes que j'ignorais, ou que je n'avais connue que par le dégoût qu'elle m'inspirait, et l'anathème que sous une forme ou sous une autre, même à mon insu, j'avais toujours lancé contre elle.

» Père, je vous remercie; Père, je vous aime, je vous glorifie, vous m'avez rendu vraiment *religieux;* j'aime la *vie;* j'aime ceux que je n'aimais pas; je comprends une face de la vie qui m'était inintelligible. J'ai foi en vous! vous êtes le père de l'humanité pour avoir compris les souffrances de *tous* les hommes et de *toutes* les femmes; pour avoir gardé sur votre face le *calme* du prêtre, lorsque, autour de vous, tant d'hommes accusaient vos paroles et vos actes.

» Mon Père, je sens que vous comprenez ma manière de sentir, de connaître, de pratiquer la *vie* : avec vous, je suis vraiment *libre,* vous ne m'imposerez jamais *votre* volonté, vous hâterez le développement et l'accomplissement de la *mienne.* Et moi, je sens en vous la légitimité, la sainteté d'une manière de sentir, de comprendre et de pratiquer la *vie* qui n'est pas la mienne.

» Mon père, je suis plein de joie de me sentir aussi une place dans la grande œuvre que vous conduisez! Avec vous, j'appelle la femme; après vous, je suis prêt à prendre ma part des outrages, des calomnies, des accusations d'immoralité, que la société décrépite qui nous entoure va lancer contre nous. Vous le savez, Père, vous me connaissez, la couronne d'apostolat tressée de lauriers et d'épines, ne m'attire pas moins par ses glorieuses souffrances que par ses joies.

» Cher Père, je vous le disais il y a un mois, longtemps je ne vous ai pas aimé; aujourd'hui, je me trouve heureux de sentir chaque jour mon amour pour vous s'accroître, plus je vous aimerai, plus j'aimerai mes fils, plus j'aurai de puissance sur les hommes qui ne nous comprennent pas encore, et que nous venons sauver.

» Père, votre fils vous embrasse.

» CH. LEMONNIER, *membre du collége, chef de l'église de Montpellier.* »

« Lyon, 24 février 1832.

» Père suprême,

» Vos fils de Lyon n'ont pas appris sans douleur l'événement qui a éloigné du sein de la famille le premier fils de Saint-Simon.

» Et cependant, gloire à vous! votre génie vient d'ouvrir l'ère nouvelle où brûlaient de s'élancer notre dévoûment, notre ambition et notre amour.

» Oui, nous avons hâte de prendre notre part de cette glorieuse tâche. Il est temps de montrer tout ce que produit de douleur et de ruse, de tyrannie et de mensonge, la condition actuelle de la femme.

» Le règne de la vérité, de la noblesse, de la loyauté, du bonheur, est enfin arrivé. La femme est l'égale de l'homme. L'amour de la *chair* est saint comme l'amour de l'*esprit*, car l'industrie doit marcher l'égale de la *science*.

» Assez de lutte! que les deux natures qui se partagent l'humanité soient un fait éclatant pour tous. La religieuse volupté d'un monde doit cesser d'être un scandale pour l'autre. Respect au conservateur, mais gloire au novateur.

» Nous n'ignorons pas que cette société, rongée au cœur de prostitution et d'adultère, méconnaîtra notre mission, et n'épargnera à nos fronts ni insultes ni outrages.

» C'est pourquoi vous avez dit : « Place aux hommes au cœur aimant et audacieux ! Par eux s'accomplissent les grandes choses. Aujourd'hui commence le véritable apostolat ; une même vie nous embrasse tous, nous sommes uns dans un. » Gloire à vous, Père : DIEU EST CELUI QUI EST.

« MASSOL, RIBES. »

A Michel Chevalier.

« Bordeaux, 23 février 1832.

» En présentant nos hommages respectueux au Père suprême, je vous prie de l'assurer que ces hommages, dépouillés de tout sentiment de servilité ou de fascination, sont l'unique effet de mon *libre amour* et de ma foi en sa foi, à laquelle je reconnais la souveraine puissance de diriger la mienne dans la voie du progrès. Lorsque le père *Bazard* et le père *Olinde Rodrigues* étaient placés au premier rang de la hiérarchie, mes hommages étaient également l'effet de mon amour et de ma foi en leur foi. Je leur garde ces sentiments pour les progrès accomplis qu'ils ne nient pas; mais, comme selon mes convictions, ils se sont arrêtés, j'use de ma liberté en m'arrêtant aussi vis-à-vis d'eux, et en reportant tout mon amour sur le Père suprême d'abord, sur vous qu'il a choisi pour diriger les intérêts politiques et financiers du saint-simonisme, et successivement sur tous ceux qui, hiérarchiquement, travaillent à la propagation et à la réalisation de la religion saint-simonienne, ou mieux de la loi de Dieu sur la terre. — G. CAZEAUX. »

Au même.

« Strasbourg, 24 février 1832.

» Cher Père,

» J'ai appris avec douleur que le père *Olinde* se séparait de nous, et qu'en partant il jetait au père Enfantin l'accusation grave de légitimer la promiscuité et la communauté des femmes. Ma foi que le progrès se continuera parmi les hommes qui demeurent attachés au père Enfantin est entière, et je crois bien comprendre que, lorsqu'il s'agit de l'affranchissement de la femme, il n'y a d'immoralité dans une théorie qu'autant qu'imposant des limites à l'action moralisante de la femme, elle l'empêcherait de parler et de dire tout ce qu'elle ressent [1]. — T. H. »

Au même.

« Hières, 24 février 1832.

» Cher père,

» Je suis en retard de correspondance avec vous, je la reprendrai à mon retour à Grenoble, où je trouverai, ainsi qu'on me l'a annoncé, la brochure saint-simonienne que vous m'avez adressée de Paris. L'usage que vous m'indiquez d'en faire sera rempli : heureux de contribuer au moins en cela à la propagation de l'œuvre saint-simonienne.

» Depuis environ deux mois, j'ai quitté Grenoble pour accompagner ici mon frère et votre fils, Hugues Blanc [2], qu'une santé déplorable forçait à

1. Ces initiales représentaient, si nous sommes bien informés, la signature du fils d'un ministre du gouvernement de juillet, M. Humann.

2. Hugues Blanc était le beau-frère de l'illustre savant, Champollion jeune. Apôtre infatigable du progrès humain, il en avait poursuivi le triomphe en consacrant son temps et sa fortune à l'œuvre des sociétés secrètes. Le rôle important qu'il avait rempli dans le carbonarisme l'avait mis en rapport avec Bazard ; il s'était lié aussi avec Buonarotti, qui, de son lieu d'exil, dirigeait une association dont la réforme politique et sociale était le but ; plus tard, l'apparition du saint-simonisme l'avait convaincu, comme ses amis intimes, Laurent et Génevois, que l'avenir de cette réforme était attaché au développement de la nouvelle doctrine religieuse.

chercher un climat plus doux que celui des bords de l'Isère; mais tous les soins ont été inutiles, et il vient de mourir dans mes bras.

» Cher père, la famille vient de faire en lui une grande perte; sa vie toute entière, vouée à l'affranchissement et au progrès de l'humanité, déposait avec quelle joie il devait recevoir la parole saint-simonienne. Dans des espérances (hélas si trompées!) d'un prompt retour à la santé, il se plaisait à m'entretenir des efforts qu'il voulait tenter, à Grenoble, pour réunir autour de lui et les y accroître, les semences qui s'y trouvent dispersées et rares encore du saint-simonisme. Aucun n'y eût été plus propre, car sa voix, fortifiée de son exemple, savait s'y faire entendre des hommes généreux avancés. L'œuvre saint-simonienne lui tenait à cœur, et dans des confidences intimes, j'avais appris qu'il destinait une grande partie de sa fortune à la famille de Saint-Simon, particulièrement pour soutenir la publication du *Globe*. Un décroissement subit de ses forces, suivi d'une mort prompte, a pu seul mettre obstacle à l'exécution d'un projet auquel il tenait chèrement.

» J'ai, me disait-il, des devoirs de famille à remplir, mais ceux de l'humanité me sont encore plus chers. — GÉNEVOIS. »

A Bouffard, membre du collége.

« Villefranche, 25 février.

» Mon Père,

» Je vous envoie courrier par courrier mon acclamation à la haute démarche que vient de faire notre Père suprême.

» Elle est le complément essentiel et nécessaire de tous les antécédents du saint-simonisme. L'appel à la femme était resté quelque chose de mystique et sans puissance, tant que notre langage manquait de cette logique qui fait la force de toute bonne théorie.

» Ne rougissons pas de dire à la face du monde que la prostitution elle-même est l'indication de l'insuffisance de la loi chrétienne.

» Ne rougissons pas de dire que l'adultère du passé est notre fanal pour l'avenir, fanal qui nous éclaire sur les relations de l'homme et de la femme, pour qu'elles cessent d'être mensongères, pour que leur contrat ne soit pas impraticable, pour que leurs promesses mutuelles ne soient plus illusoires.

» Ne rougissons pas de dire que celui qui gouvernera les hommes, celui qui aura la haute mission de diriger les volontés, celui qui parviendra entre tous à cette mission de confiance que l'on nomme sacerdoce, celui-là s'armera aussi bien de l'attrait de la *beauté* pour moraliser son inférieur et l'élever à lui que de la puissance de la *logique*.

» Je dis à ceux qui s'étonnent de cette haute conception · « Est-il donc si simple d'inspirer l'entraînement et l'enthousiasme pour pousser à l'*association universelle*, qu'il faille se réduire aux moyens d'un austère et repoussant janséniste ; et conçoit-on un pouvoir janséniste sans un gendarme comme complément toujours indispensable de sa puissance gouvernementale ? » L'austérité mystique du clergé de l'Allemagne et la rudesse des caporaux allemands ont une connexité qui doit effrayer toutes les âmes aimantes.

» Vous le voyez, ma conviction est plus forte que jamais ; je suis entièrement à votre disposition. Ce que vous me direz de faire, je le ferai comme un devoir qui pourra me coûter d'abord, mais dont je suis certain de trouver tôt ou tard la récompense. Encore une fois, je suis tout à vous ; il me faut marcher, car je ne saurais vous voir, sans mon faible appui, sur cette pente difficile. Ce ne seront plus les défenseurs de la constitution politique seulement qui vous harcèleront, ce seront aussi les défenseurs de l'ancien foyer domestique avec toute son étroitesse ; que d'hommes seront furieux en apprenant que le bonheur est ailleurs que là où ils s'efforçaient de le parquer ? Il y aura une fière bordée d'imprécations à essuyer ; j'en veux ma part comme un religieux apôtre.

» G. West, *ancien élève de l'École polytechnique, chef du génie à Villefranche* (Pyrénées-Orientales). »

Église de Toulouse, (séance du 26 février.)

Le Père Hoart : « Un schisme nouveau s'est manifesté au sein de la famille saint-simonienne. Olinde Rodrigues, chef du culte, s'est retiré protestant contre l'autorité de notre Père suprême Enfantin, et se posant comme chef de la religion saint-simonienne. Un seul membre de la hiérarchie a répondu à son appel.

» En présence d'un tel fait, moi et mes fils, ici, devant vous, au nom du Dieu vivant, au nom de Saint-Simon qui nous l'a révélé ; plein de foi et de confiance dans l'association universelle, dans l'amélioration progressive de ceux qui souffrent, nous reconnaissons notre Père Enfantin comme chef suprême de la religion saint-simonienne, et nous acceptons son autorité avec joie et amour, parce qu'en lui seul est le progrès, c'est-à-dire l'affirmation, l'amour, la vie; parce que lui seul a puissance d'unir, de lier, d'associer les hommes.

» Les deux schismes qui ont surgi de notre sein dans l'espace de trois mois, ont dû jeter le trouble et l'incertitude dans votre esprit; mais ne jugez pas ces événements d'après un sentiment exclusif d'union et d'harmonie; car Dieu ne se manifeste que progressivement dans l'espace et le temps. N'oubliez pas que l'apôtre doit être soumis à toutes les épreuves nécessaires pour prouver la vérité de sa mission; songez qu'une vie nouvelle ne se développe qu'à travers des tiraillements, des douleurs, des angoisses. Il a fallu tous les bouleversements, toutes les révolutions qui sillonnèrent l'humanité pendant trois siècles, pour préparer l'enfantement de la révélation saint-simonienne. »

Au moment où l'ancien capitaine d'artillerie faisait, à Toulouse, cette solennelle déclaration, un capitaine d'état-major, imitant son coreligionnaire et ami, Bruneau adressait sa démission au ministre de la guerre, en ces termes :

« 27 février 1832.

» Monsieur le maréchal,

» Le lieutenant-général, commandant la première division militaire m'a donné communication de la lettre par laquelle Votre Excellence me nomme à un emploi de mon grade à l'état-major de la deuxième division (Châlons-sur-Marne); je ne puis me rendre à cette destination.

» J'ai commencé ma carrière militaire sous les murs de Paris, le jour où l'Europe coalisée en menaçait les portes; j'étais alors élève de l'École polytechnique; depuis, j'ai servi avec honneur dans les rangs de l'armée, j'en porte le signe sur ma poitrine. J'avais cru, jusqu'à présent, que la force des armes pourrait être un moyen puissant d'émancipation pour les peuples, et j'étais fier de porter l'épée; mais maintenant je me conçois une autre mission : je suis saint-simonien, et je consacre ma vie entière à l'apostolat. Aujourd'hui que notre religion est en butte aux outrages et aux persécutions, notre Père suprême a besoin de tous ses fils, l'honneur me commande de rester à ses côtés. Dans un temps où il n'y a plus de croyances, ni politiques, ni religieuses, où le doute est dans tous les esprits, le dégoût dans tous les cœurs, il est bon de montrer au monde qu'il est des hommes qui se sentent la mission de remédier aux maux de la société et qui s'y dévouent. Voilà ma situation, voilà ma foi.

» Je prie Votre Excellence d'accepter ma démission.

» BRUNEAU, *capitaine au corps royal d'état-major.* »

Au Père Suprême.

« Blois, 28 février 1832.

» Mon Père,

» Presque tous vos enfants vous ont fait leur profession de foi, leur confession, je suis le seul peut-être qui ne vous ait rien dit : *Bon jour et adieu,* voilà à quoi se réduisent toutes les entrevues que j'ai eues avec vous. La sérénité toujours riante de mon visage, qui réfléchit fidèlement celle de mon cœur, a pu vous faire pressentir ainsi qu'à tous vos enfants ce que j'étais ; si je n'ai point parlé, c'est que je ne me suis point trouvé assez vivant, assez avancé dans mon progrès, pour pouvoir véritablement me révéler par la parole. Vous en saviez tous bien plus que je ne pouvais vous en dire. On m'a vu ferme sur mes deux pieds, marcher sans jamais chanceler, toujours prêt à soutenir celui qui manquait de force, et j'ai peut-être contribué puissamment à vous conserver plus d'un de vos fils. Enfin, mon Père, j'éprouve le besoin de vous parler et de m'ouvrir davantage à vous, afin que vous sentiez mieux ce que je suis, ce que vous pouvez faire de moi, et quelle confiance vous pouvez avoir dans ma foi : j'éprouve ce besoin. surtout aujourd'hui que le premier de vos fils, le père Olinde, que j'aime tant, vient de se séparer de nous.

» D'abord, mon Père, je vous dirai que cette nouvelle douleur que me cause le père Olinde n'a aucunement ébranlé ma foi en vous ! Déjà l'éloignement du père Bazard, de Reynaud, de Transon, de Jules, de madame Bazard, m'avaient éprouvé ; et quand j'y réfléchis, je suis vraiment surpris que moi qui les sentais si grands, qui les aimais tant, ils ne m'aient pas fait cependant chanceler une seconde ; mais l'énigme de ma conduite est facile à expliquer, c'est que moi-même je ne me sens pas de médiocre taille, que je ne trouve de père, ni dans les uns ni dans les autres, et que vous, père Enfantin, je vous sens grand par dessus nous tous, et vraiment, mon Père.....

» ROUSSEAU. »

XVIII

(1832)

(Mars.)

Au milieu de toutes les manifestations sympathiques et religieuses dont Enfantin était l'objet, l'information judiciaire, ouverte contre lui et Rodriques, suivait son cours. Le 3 mars, Enfantin et Michel Chevalier furent appelés devant M. Barbou, juge d'instruction. Nous extrayons ce qui suit du compte rendu de ce double interrogatoire, inséré dans *le Globe* du 4 :

« Notre Père suprême Enfantin a été appelé hier chez M. le juge d'instruction Barbou, qui a reproduit d'abord, dans un nouvel interrogatoire, presque toutes les questions qui avaient précédemment été faites à notre Père par M. Zangiacomi.

» Sur le fait relatif à l'article 29 du Code pénal, notre Père suprême a répondu ainsi qu'il l'avait fait le 23 janvier. En ce qui concerne nos opérations financières, il a répété ce qu'il avait dit alors, ajoutant que les actes imputés à *Olinde Rodrigues* avaient été accomplis alors que ce dernier était sous son autorité et sa direction.

» Voici la fin de cet interrogatoire :

Demande. — On vous impute d'exciter la haine d'une classe de citoyens contre une autre classe, des prolétaires contre les propriétaires ?

R. — Nous répétons constamment aux prolétaires, c'est-à-dire aux hommes qui travaillent sans posséder, qu'ils ne peuvent améliorer leur sort que progressivement et par des moyens pacifiques, et nous disons aux propriétaires de travailler directement à l'amélioration du sort *moral, intellectuel* et *physique* du sort de la classe la plus nombreuse et la plus pauvre, s'ils veulent mettre fin aux craintes d'émeute, de révolution et de pillage qui les agitent sans cesse.

D. — Est-il vrai que vous ayez prétendu : « que » l'intimité entre les sexes, considérée aujourd'hui » comme n'ayant de légitimité, de sainteté, d'élé- » vation que dans le mariage, ne devait plus être » exclusive entre les époux ; que le supérieur, par » exemple (le prêtre ou la prêtresse), pouvait et » devait provoquer ou établir cette intimité entre » lui et ses inférieurs, soit comme moyen de satis- » faction pour lui-même, soit dans le but, en déter- » minant de la part des inférieurs un plus grand » attrait pour sa personne, d'exercer une influence » plus directe et plus vive sur leurs sentiments, » leurs pensées et leurs actes ? »

R. — Je suis venu poser les premières bases d'une loi morale nouvelle au milieu d'un monde que l'adultère, la prostitution et des vices honteux corrompent et abrutissent. Hommes et femmes, tous ont besoin d'aimer, de comprendre et de pratiquer une morale nouvelle, même ceux qui prétendront juger ma moralité. Et comme il importe que je fasse connaître au monde ma vie, ma foi, il me tarde de me trouver en présence de ceux qui publiquement m'en demanderont compte.

D. — Vous ne répondez pas d'une manière directe, affirmativement ou négativement, à la question que je vous ai posée.

R. — Les sources où vous avez puisé les questions que vous m'avez faites ne vous ont fourni que des renseignements inexacts. Il en résulte que les termes dont vous vous êtes servi vous-même sont involontairement *captieux*. Si je n'ai pas répondu directement, c'est parce que, quelle que soit l'étendue avec laquelle je développerais ici des idées qui doivent changer *toutes* les relations morales, ma parole, nécessairement incomplète, pourrait donner lieu à des interprétations fausses. Je m'en réfère donc à ce que j'ai dit dans la réunion générale de la famille, et dans *le Globe* du 19 février, ainsi qu'aux travaux que chaque jour nous publions.

D. — Vous êtes accusé de porter atteinte à la *morale publique*?

R. — Je viens changer la *morale publique*, mais par des moyens semblables à ceux que nous employons et annonçons pour changer la constitution de la *propriété*, c'est-à-dire *pacifiquement* et *progressivement*. »

« Michel Chevalier a été appelé chez le juge

d'instruction; voici à peu près son interrogatoire :

D. — Vous êtes prévenu du délit d'outrage à la morale publique pour avoir inséré, dans votre numéro du 12 janvier, un article intitulé : *la Femme*, et signé : *Charles Duveyrier.*

R. — Je sais que les idées émises dans cet article sont de nature à blesser ce qu'on appelle aujourd'hui la *morale publique.* Cet article, sauf quelques mots qui auraient besoin d'explication, est l'exposé de la conception morale que notre Père suprême proclame comme appel de la femme à l'affranchissement. Nous savions d'avance que cette conception morale était de nature à être d'abord incomprise, et à attirer sur nous l'accusation d'immoralité. Mais nous savons aussi que la propagation de cette conception morale aura pour résultat définitif de faire disparaître, des relations de l'homme et de la femme, le caractère d'exploitation réciproque par la fraude d'une part, par la violence de l'autre, qui est la principale cause des douleurs morales de l'humanité.

» Il est vraiment extraordinaire qu'au milieu d'une société où l'adultère est dans les mœurs, où la prostitution est non-seulement tolérée, mais brevetée, où, en un mot, la *pratique* morale est effroyable, des hommes qui se présentent hardiment.

avec une *théorie* morale destinée à effacer cette double infamie; qui font profession de s'abstenir de toute *pratique*, jusqu'à ce que la *théorie* qu'ils proclament ait été sanctionnée par la femme, et qui livrent à tous leur vie privée et publique, soient accusés d'immoralité. C'est une complète interversion de rôles.

» J'ajoute que l'auteur de l'article, *Charles Duveyrier*, est actuellement en Angleterre avec une mission de notre Père suprême. S'il était à Paris, il réclamerait la responsabilité de ses paroles. Pour moi, je revendique la responsabilité de la publication.

D — Le même délit vous est imputé pour l'insertion dans *le Globe* d'un article intitulé : *Extrait d'un enseignement de notre Père suprême, sur les rapports de l'homme et de la femme*, qui a paru dans *le Globe* du 19 février.

R. — Cet article était rédigé par notre Père Enfantin lui-même. Il revendique la responsabilité de toutes ses œuvres. Il attache la plus haute importance à ce qu'il soit connu de tous que c'est, de *Lui*, qu'est partie la conception morale au développement de laquelle *le Globe* est aujourd'hui consacré. Pour mon compte personnel, je déclare adhérer pleinement à cet *appel aux femmes* tel qu'il l'a conçu et formulé, et je réclame la responsabilité de la publication de ce qui est aujourd'hui notre foi à tous.

D. — Vous êtes prévenu du délit de provocation à la désobéissance aux lois qui régissent la propriété, pour avoir inséré, dans *le Globe* du 13 janvier, un article signé Paul Rochette, intitulé : *du Procès au sujet du testament du prince de Bourbon,* où se trouvent ces mots : « L'hérédité telle qu'elle existe est une lèpre hideuse s'attachant à toutes les affections de famille pour les fausser.

R. — Cet article a été écrit par Paul Rochette, à ma demande, et sous mon inspiration ; j'en assume donc la responsabilité. Paul Rochette d'ailleurs serait prêt à la partager au besoin. Nous ne prêchons pas la *désobéissance* aux lois. Nous venons opérer une *transformation* pacifique et graduelle de la propriété, au moyen de l'organisation de l'industrie et de l'association successive de tous les travailleurs, grands et petits, riches et pauvres. Dans l'ordre politique tous nos efforts tendent vers ce but. »

Tandis que le ministère public poursuivait et étendait ainsi son système de rigueur à l'égard du chef et des principaux apôtres du saint-simonisme, Olinde Rodrigues, co-accusé primitif d'Enfantin, répétait et soutenait, par de nouvelles publications, son appel aux saint-simoniens, dont il persistait à se proclamer le chef, comme le vrai continuateur de Saint-Simon. Le document suivant parut, dans les premiers jours du mois de mars, en tête d'une nouvelle édition des œuvres de Saint-Simon :

Le disciple de Saint-Simon au public.

« Je commence aujourd'hui à remplir directement, et par moi-même, la mission qui me fut léguée par SAINT-SIMON.

» J'ai repris l'héritage que j'avais confié à des mains qui furent plus capables que les miennes, pendant tout le temps qui m'était nécessaire pour délier tous les nœuds qui m'empêchaient de livrer ma vie entière à l'œuvre immense dont j'avais accepté la responsabilité, au lit de mort de SAINT-SIMON.

» Je rends grâces à BAZARD et à ENFANTIN pour le concours qu'ils m'ont apporté, pendant ces six années écoulées depuis la mort du révélateur, l'un par l'*énergie* de son libéralisme *politique*, et l'autre par la *séduction* de son libéralisme *moral*.

» Tous deux, dévoués au progrès, sentirent le besoin d'un *ordre* nouveau et vinrent au disciple de SAINT-SIMON, suivis d'hommes également zélés, que le *libéralisme* seul, en *politique* ou en *morale*, avait pu jusque-là satisfaire.

» Par BAZARD et par ENFANTIN, l'opinion publique a été saisie du SAINT-SIMONISME. Gloire à eux! ils ont préparé les *leurs* à entendre, à comprendre enfin la voix du régénérateur *politique* et *moral*. Mais leur mission ne pouvait s'étendre au delà des limites mêmes de leur propre organisation. Nés démolisseurs en *politique* ou en *morale*, ils sont les derniers représentants du génie révolutionnaire qui, las de détruire, essaya un jour de reconstruire, et, de ce jour, vit tomber sa puissance.

» Ainsi que Robespierre, de gigantesque mémoire, proclama l'existence de l'être suprême au milieu des ruines amassées par l'athéisme révolutionnaire, de même ENFANTIN et BAZARD sont venus rendre hommage à SAINT-SIMON, et lui apporter le tribut de leur influence *politique* et *morale;* mais ils ne pouvaient transformer *leur nature* jusqu'au point d'édifier eux-mêmes le temple de la *paix* et de la *famille* universelles. Hardis démolisseurs, SAINT-SIMON les avait jugés lorsqu'il promulgua cette loi invariable de l'humanité, que les instruments de la destruction ne pouvaient servir à la reconstruction.

» Et déjà, vous souvient-il, ENFANTIN et BAZARD.

de ce jour mémorable où j'allais brusquement ressaisir mon héritage, alors que, malgré moi, vous prétendiez, au nom de SAINT-SIMON, saper la famille jusque dans ses fondements. Logiciens impitoyables, et toutefois privés de sentiments assez larges pour raisonner juste, vous vouliez enseigner, au nom de SAINT-SIMON, qu'à l'avenir l'enfant vagissant à peine serait arraché au regard même de sa mère délivrée, aussi bien qu'à celui du père, pour *abolir* plus sûrement, selon vous, tous les priviléges de la naissance. Je déclarai qu'en ce moment, vous n'étiez plus les chefs de la doctrine. Il suffit alors de ma voix puissante pour sauver votre cœur du vertige de votre esprit révolutionnaire; vous reculâtes devant moi, et je restai encore à l'écart; mon jour n'était pas venu.

» La crise de destruction finit en vous; la crise de réorganisation en *politique* et en *morale* commence en moi par SAINT-SIMON, dont je suis l'héritier *selon la fonction*.

» L'homme de *paix* et de *famille* peut seul installer dans le monde la *paix* et la *famille* universelles promises au monde par SAINT-SIMON.

» Cet homme est celui qui *seul* vécut deux ans de la vie du révélateur. Celui qui seul a pu s'écrier à la face de Dieu et des hommes :

« Du jour où SAINT-SIMON rencontra l'homme » qui, amoureux de l'avenir, avait compris les sciences, senti les beaux-arts et pratiqué l'industrie; » l'homme qui avait en lui, par le sang, la tradition de Moïse; par le désintéressement, celle du » Christ; du jour où cet homme, qui, savant et industriel, avait connu, près des industriels et des » savants, le secret de leur force et de leur faiblesse » morale; du jour où cet homme, ce brûlé jusque » dans ses entrailles par la flamme vivante de » SAINT-SIMON, sentit pénétrer en lui une vie » nouvelle, et reconnut en SAINT-SIMON, *chrétien féodal*, un nouveau père; de ce jour fut enfantée l'association de la famille universelle; de » ce jour fut possible la réunion des juifs et des » chrétiens au sein d'un *nouveau christianisme*, » religion universelle. »

» ENFANTIN, BAZARD, hommes puissants, jaloux du progrès de l'humanité, l'enthousiasme de la religion ne vous fut pourtant pas donné. Jamais vous ne puisâtes à la source vivifiante du révélateur. Jamais vous ne sentîtes votre âme embrasée du feu nouveau que, pour le salut du monde, il alluma comme un phare resplendissant au milieu de l'effroyable et sublime tempête soulevée par les apôtres de la destruction.

» Vous pûtes faire accepter l'*autorité* à des esprits *indisciplinés*, fatigués et malades de scepticisme; vous en avez fait des *dévots*, des fanatiques; mais des hommes *religieux*, jamais. En ce moment, l'orientalisme et ses doctrines d'adoration stupide et de lâcheté sensuelle aveuglent tous les *enfantinistes*. Ceux qui se sont séparés avec Bazard sont retournés à des travaux *individuels*.

» A moi d'inspirer l'enthousiasme aux apôtres saint-simoniens; à moi de passionner au nom de SAINT-SIMON, de faire éclater sa gloire au-dessus de toutes les gloires; à moi de commencer enfin l'œuvre *pratique* du NOUVEAU CHRISTIANISME.

» A moi donc tous ceux que la passion du bien général fait vivre; eux seuls peuvent accomplir de grandes choses; *souvenez-vous que pour faire du grand, il faut être passionné*, m'a dit SAINT-SIMON expirant. Viennent donc à l'œuvre les hommes et les femmes sains de cœur, d'*esprit* et de *corps*, vraiment *saints et saintes*, vraiment dignes de porter le glorieux fardeau de l'apostolat. Le génie des conspirateurs politiques est usé, leur œuvre est consommée. La société n'a plus rien à attendre ou à redouter d'eux. La critique du libéralisme *politique*, directement entreprise par le saint-simonisme, est désormais complète.

» Quant à la conspiration morale des *enfantinistes*, elle n'ira pas loin, malgré tout le *talent* et toute la *dévotion* qu'elle a corrompus à son service. La RELIGION NOUVELLE aura bientôt triomphé des écueils qu'elle a dû rencontrer sur son chemin : la *communauté des biens* et la *communauté des femmes*.

» Et bientôt, par sa vive et puissante influence, la doctrine de SAINT-SIMON aura terminé, dans la *morale* comme dans la *politique*, la lutte de l'*oisif* et du TRAVAILLEUR, du *salon* et de l'ATELIER, de l'*amateur* et du PRODUCTEUR, du *mal* et du BIEN.

» Je publierai successivement tous les écrits de mon maître, ainsi que j'en ai reçu de lui la mission spéciale.

» J'imprime d'abord, en tête de ce volume, plusieurs fragments de l'histoire de la vie de SAINT-SIMON, écrite par lui-même à diverses reprises.

» Le monde a méconnu SAINT-SIMON, le monde va le connaître. Viennent ensuite trois œuvres importantes, monuments impérissables du développement de la conception saint-simonienne, dans la vie même du révélateur.

» La première est émanée de l'inspiration primitive et créatrice de SAINT-SIMON.

» SAINT-SIMON, il y a trente ans, vint appeler les hommes et les FEMMES à accomplir l'œuvre de la régénération sociale. Frappé des éclatants progrès accomplis au XVIIIe siècle par les successeurs de Newton, c'est aux *savants* qu'il s'adresse d'abord, aux *artistes* ensuite, pour réédifier le pouvoir *spirituel*, dont la chute est la seule cause du désordre qui agite toute l'Europe. L'organisation du pouvoir *temporel*, il ne la conçoit pas encore nettement; aussi les formes délibérantes, quoique déjà modifiées radicalement par son système d'élection, tiennent-elles encore une grande place dans ses plans de réorganisation. En un mot, la division des propriétaires et des non-propriétaires n'a pas encore fait place à celle des oisifs et des travailleurs.

» C'est en 1819 que le principe de la politique industrielle éclate dans toute son originalité, par la célèbre *parabole*, pour laquelle SAINT-SIMON fut accusé et acquitté en cour d'assises, le 20 février 1820.

» Enfin, le *Nouveau Christianisme*, testament du révélateur, élève au-dessus des institutions *spirituelles* et *temporelles* un pouvoir MORAL, inspirateur direct des beaux-arts, qui devient ainsi le lien de la science et de l'industrie, de la *théorie* et de la *pratique*, de l'*esprit* et de la *chair*, de l'HOMME et de la FEMME.

» OLINDE RODRIGUES, *chef de la religion saint-simonienne.* »

Cette préface devait amener une réponse. Ce fut l'œuvre de celui des disciples fidèles d'Enfantin qui représentait, auprès de lui, ce qu'il appelait, *la persécution sainte de l'inférieur à l'égard du supérieur*, pour bien constater que sa dictature paternelle, accessible à la critique filiale, et tempérée par une affection et une confiance réciproques, laissait une large place à la liberté des remontrances cordiales et respectueuses. D'Eichthal écrivit à Olinde Rodrigues :

« RODRIGUES,

» Il est un homme parmi nous qui s'appelle ENFANTIN. Vous même l'amenâtes à votre MAITRE, alors que celui-ci était sur son lit de mort. Vous amenâtes à votre MAITRE, *serviteur fidèle*, celui qui devait être son HÉRITIER.

» Cet homme, amené par vous, plaça son nom avant le vôtre, dans l'association du *Producteur*. De lui *seul* partirent toutes les additions *importantes* faites alors aux conceptions économiques et historiques de Saint-Simon ; par lui *seul* furent maintenues l'union et l'harmonie entre tous ceux qui prirent part à cette œuvre.

» Bientôt cet homme nous *donna* le DOGME que nous avait annoncé Saint-Simon. Il nous donna une *politique* et une *théologie* nouvelles. Il fit plus; il vous révéla, comme à nous, ce qu'avait été VOTRE MAITRE, il vous le révéla par la bouche d'EUGÈNE, par la bouche de votre frère, dont il fut tant aimé.

» Alors, devenu *majeur*, l'héritier de Saint-Simon RÉCLAMA de vous l'héritage de son père, gardé par vous jusque-là comme un dépôt sacré. Il ne l'ACCEPTA pas, comme vous le prétendez aujourd'hui, ainsi qu'un prêt éphémère; il le RÉCLAMA, dis-je, comme sa propriété *légitime*, qu'il se sentait puissance d'agrandir et d'améliorer. LUI-MÊME SE NOMMA chef, en assignant à Bazard une place à ses côtés. Vous lui donnâtes, avec nous, votre acclamation.

» Alors aussi la *famille nouvelle* reçut sa première institution. Alors nous eûmes, non plus un *maître*, mais un PÈRE; non plus une *doctrine*, mais un APOSTOLAT. Alors, au sein de l'humanité, se manifesta une NOUVEAUTÉ SUBLIME. De jeunes hommes, tous pleins de la superbe indépendance du XIXe siècle, forts à bon droit de leur puissance scientifique, se pressaient autour du PÈRE, insatiables de sa parole, de son regard, de sa tendresse. Tous ceux qui s'approchaient, s'en retournaient plus forts, plus satisfaits, remplis d'une vie nouvelle, désireux de grandes choses. Vous-même, RODRIGUES, vous avez partagé notre *dévotion* pour cet homme. Vous avez épanché, dans son cœur, vos joies et vos tristesses; vous l'avez aimé plus qu'aucun homme au monde, vous l'avez appelé VOTRE PÈRE; il y a peu de temps encore, au milieu de nous, vous lui avez demandé sa BÉNÉDICTION.

» Lorsqu'il y a deux ans, dans sa lettre sur le CALME, il dévoilait à ses fils la vie mystérieuse de celui qui gouverne les hommes, qui ne relève que de Dieu, qui n'a de PÈRE que Dieu, dont l'amour *descend* sur tous, et ne *remonte* qu'à Dieu même, vous vous êtes écrié : CELUI-LÀ est le CHEF RELIGIEUX de l'humanité.

» Lorsqu'il y a quelque temps, il fit connaître au monde cette parole nouvelle par laquelle il a proclamé, de sa voix d'HOMME, l'émancipation définitive de la FEMME, vous l'avez déclaré, à la face de tous, l'HOMME LE PLUS RELIGIEUX, L'HOMME LE PLUS MORAL DE SON TEMPS, LE DIGNE ET VRAI SUCCESSEUR DE SAINT-SIMON.

» Le même jour encore, en le voyant par son

CALME gouverner une foule que la téméraire protestation d'un de ses fils avait émue contre lui, saisi d'admiration, vous avez dit à ses enfants : « DEPUIS LE SERMON SUR LA MONTAGNE, L'HUMANITÉ N'A RIEN ENTENDU DE SI GRAND. »

» Et aujourd'hui, RODRIGUES, parce que cet homme, plein du sentiment de sa haute mission, et dans un profond amour pour nous, a entrepris de parfaire l'œuvre INCOMPLÈTE encore de votre MORALISATION, cet homme, s'il faut en croire votre témoignage, cet homme n'est qu'un *instrument de destruction* et un *conspirateur contre la morale.*

» RODRIGUES, de votre bouche, cette parole N'EST PAS BIEN.

» Écoutez encore!

» Interpellant ENFANTIN, vous lui dites : « Vous souvient-il de ce jour mémorable où j'allais *brusquement ressaisir* MON HÉRITAGE? il suffit alors de ma voix puissante pour sauver votre cœur du vertige révolutionnaire. Vous reculâtes devant moi. » — Il *m*'en souvient, RODRIGUES; car *moi* aussi *j'étais là ;* et il *me souvient* aussi qu'avant de nous quitter, honteux vous-même de votre passagère insurrection, vous allâtes, fils repentant, demander à celui que vous appeliez VOTRE PÈRE, un baiser de pardon.

» Mais quel était donc cet héritage que vous prétendiez *brusquement ressaisir?* L'héritage véritable de Saint-Simon, n'est-ce pas un *héritage* VIVANT? Ne sont-ce pas les FILS qu'ENFANTIN lui a donnés? Et s'il en est ainsi, comment un pareil héritage peut-il à volonté se *ressaisir*, *se ressaisir* brusquement?

» Vous n'aviez point songé à cela, RODRIGUES, et c'est un oubli de même sorte qui depuis vous a égaré; vous ne savez point ce que c'est que cette *voix du peuple*, cette *voix divine*, sans l'*acclamation* de laquelle il n'y a point aujourd'hui d'autorité sainte, d'autorité possible. Élevé sous la tente du patriarche, vous y avez puisé vos maximes de conduite à l'égard de la FEMME et de l'INTÉRIEUR; et c'est parce que vous gardiez encore, dans votre pratique, l'empreinte fatale de cette éducation, que j'ai pu vous dire tout à l'heure, en toute justice, que votre MORALISATION était INCOMPLÈTE.

» Vous accusez NOTRE PÈRE d'avoir brisé le lien hiérarchique qui rattachait à vous plusieurs fonctionnaires importants; vous avez tort; ce lien, ce sont vos fils eux-mêmes qui ont voulu le briser, fatigués qu'ils étaient de votre brusque et inopportun commandement. Notre PÈRE n'a fait que sanctionner leurs pressantes sollicitations lorsqu'il leur a permis de renoncer à vous obéir.

» Rodrigues,

» Il appartenait à celui qui, Juif comme vous, tient de sa race le langage du prophète, la parole de vérité ; à celui qui, le plus anciennement après vous, a dévoué sa vie à l'œuvre saint-simonienne; à celui qui, ayant raconté la vie de votre *maître*, vous a révélé un mystère demeuré par vous incompris ; à celui qui jamais n'a pu se rattacher directement à vous, parce qu'il se sentait *accablé* de votre *puissance*, mais non point ATTIRÉ par votre RELIGION ; il appartenait à celui-là de vous éclairer en ce jour sur vos erreurs passées, et aussi de vous parler d'*avenir*.

» En vérité je vous le dis :

» DISCIPLE DE SAINT-SIMON, vous ne connaissez pas l'homme qui a révélé au monde et à vous le nom DE VOTRE MAITRE.

» FILS de la famille *antique*, vous ne connaissez pas le PÈRE de la *famille nouvelle*, NOTRE PÈRE.

» Juif, vous ne connaissez point la FEMME, et vous n'attendez point sa parole; vous n'écoutez pas les *enfants*, et vous méprisez LA VOIX DU PEUPLE.

Eh bien ! la parole de la FEMME et la voix du PEUPLE seront assez puissantes pour faire retentir le monde du NOM DE NOTRE PÈRE.

« Écoutez !.. — GUSTAVE D'EICHTHAL, *apôtre.* »

Rodrigues se méprenait gravement, comme Bazard, sur le caractère et la puissance du mouvement qu'Enfantin imprimait au saint-simonisme, et sur la profondeur des traces que ce mouvement laisserait après lui. Ils ne voyaient l'un et l'autre, dans leur superbe et aventureux rival, et dans ses collaborateurs enthousiastes et persévérants, que des illuminés lancés à la poursuite d'une monstrueuse chimère, et en train de discréditer pour toujours le nom de Saint-Simon en le mettant au service d'une morale hypothétique et repoussante. Cependant, c'était du milieu de ces rêveurs, passés à l'état d'exaltation prophétique, et dont l'esprit semblait perdu à jamais dans les ténèbres de l'avenir; c'était du foyer où ces jeunes utopistes puisaient les ardeurs et l'audace de leurs conjectures, que devait sortir le plan général des réalités désirables et possibles dans le présent, le programme des choses les plus positives et des grandes entreprises industrielles du XIXe siècle. A l'heure même où Olinde Rodrigues livrait à l'impression son appel au schisme, Michel Chevalier, sous l'inspiration du Père suprême Enfantin, comme il le dit lui-même, écrivait ceci dans *le Globe* :

Exposition du système de la Méditerranée.

POLITIQUE NOUVELLE.

« La plus grande lutte, avons-nous dit, qui ait jamais fait retentir la terre du fracas des armes, celle qui a fait verser le plus de flots de sang, celle qui comprend toute la période par laquelle a passé l'humanité depuis l'origine des temps historiques jusqu'à nous, c'est la lutte de l'Orient contre l'Occident. Le plan de pacification qu'attend le monde devra être la conciliation de l'Orient et de l'Occident. Ce sera la consécration politique de l'accord qui doit exister dans l'avenir entre la *matière* et l'*esprit*, qui jusqu'ici ont perpétuellement été en guerre.

» La Méditerranée avec ses rives a été le continuel champ de bataille où s'entre-déchiraient l'Orient et l'Occident. Depuis le débarquement des Grecs en Troade jusqu'à la bataille de Navarin, la Méditerranée a été le principal chemin par lequel ils sont allés l'un à l'autre se chercher le fer à la main pour s'exterminer. « La Méditerranée, avons-» nous dit, doit être désormais un vaste forum sur » tous les points duquel communieront les peuples

» jusqu'ici divisés. La Méditerranée va devenir le » lit nuptial de l'Orient et de l'Occident.

» La politique des Européens, dans l'antiquité, dès que l'Europe eût reçu le germe du progrès par les colonies qui l'apportèrent avec elles de l'Égypte et de l'Asie, a été la soumission des barbares et des Orientaux en particulier. Chez les Grecs, Bacchus, Agamemnon et Alexandre; chez les Romains, Caton, l'ennemi de Carthage, les Scipions, Lucullus, Sylla, Pompée, ont été les principaux praticiens de cette politique.

» La politique principale de la chrétienté vis-à-vis de l'Orient, tant que fut ardente la foi catholique, fut plus défensive qu'offensive, mais toujours belliqueuse : il s'agissait de *repousser* les infidèles, de *délivrer* les lieux saints. Les souverains pontifes, les apôtres des croisades, tels que Saint-Bernard et Pierre-l'Ermite, et les princes croisés, se sont surtout consacrés à la faire embrasser et mettre en œuvre, par les masses qu'ils gouvernaient de leur voix ou de leur glaive.

» Après la réforme, la lutte entre l'Orient et l'Occident perdit peu à peu de son intensité. L'Orient s'assit et sembla s'endormir. Les Occidentaux plus remuants, continuèrent à guerroyer les uns contre les autres. Depuis lors, la politique européenne la plus élevée est celle qui a dicté le traité de Westphalie, que tous les traités subséquents n'ont modifié que dans ses dispositions secondaires. Elle a eu pour but et pour raison profonde, quoique ignorée cependant par beaucoup de ceux qui y ont pris part, l'abaissement de la féodalité, personnifiée dans le *Saint-Empire*. C'est particulièrement le cabinet français qui a présidé à ce mouvement politique par Henri IV, Richelieu, Louis XIV, la Convention et Napoléon[1].

» La politique pacifique de l'avenir aura pour objet, dans son application la plus immédiate, de constituer à l'état d'association, autour de la Méditerrannée, les deux massifs de peuples qui, depuis 3,000 ans, s'entrechoquent comme représentants de l'Orient et de l'Occident; c'est là le premier pas à faire vers l'ASSOCIATION UNIVERSELLE. La Méditerrannée, en y comprenant la mer Noire et même la Caspienne, qui n'en a probablement été séparée que dans une des dernières révolutions du globe, deviendra ainsi le centre d'un

1. La rivalité de la France et de l'Angleterre, qui occupe une si grande place dans l'histoire moderne, est un fait d'une moins grande généralité que la lutte dirigée contre le *Saint-Empire*. Aussi les politiques anglais, dans des cas pressants, ont-ils renoncé à leurs projets contre la France, en vue de la prééminence qu'ils auraient ainsi assurée à la cour impériale. Voilà pourquoi Henri IV trouva des secours près d'Élisabeth, et pourquoi, après Denain, la reine Anne fut si prompte à écouter des propositions de paix.

système politique qui ralliera tous les peuples de l'ancien continent, et leur permettra d'harmoniser leurs rapports entre eux et avec le nouveau monde.

» Considérons ce *système méditerranéen* sous le rapport industriel, car la politique est spécialement le règlement des intérêts des peuples et des individus sous ce rapport.

COMMUNICATIONS. — LES CHEMINS DE FER.

» L'industrie, abstraction faite des industriels, se compose de centres de productions unis entre eux par un lien relativement *matériel*, c'est-à-dire par des voies de transport, et par un lien relativement *spirituel*, c'est-à-dire par des banques. J'accepterai provisoirement la distribution des centres de production telle qu'elle existe aujourd'hui, et je ne parlerai ici que des communications. Il y a de si étroites relations entre le réseau des banques et le réseau des lignes de transport, que l'un des deux étant tracé, avec la figure la plus convenable à la meilleure exploitation du globe, l'autre se trouve par cela même pareillement determiné dans ses éléments essentiels.

» Les moyens de communications les plus faciles que l'homme emploie en grand aujourd'hui, indépendamment de la mer, que l'on rencontre toujours dans les grands trajets, sont les rivières et canaux, et les chemins de fer. Les chemins de fer n'ont été observés jusqu'ici que du point de vue industriel abstrait. Ceux qui les ont étudiés étant des ingénieurs et ne prétendant pas à être autre chose, ont négligé la question politique et morale pour se renfermer dans la question technique. Lorsque, par exemple, ils ont comparé les chemins de fer aux canaux, ils ont été *exclusivement* préoccupés de mesurer les frais d'établissement et le coût du transport. La question de rapidité ne leur a apparu que comme secondaire, et ils ne l'ont examinée que sous le rapport de la marchandise. Aux yeux des hommes qui ont la foi que l'humanité marche vers l'*association universelle*, et qui se vouent à l'y conduire, les chemins de fer apparaissent sous un tout autre jour. Les chemins de fer le long desquels les hommes et les produits peuvent se mouvoir avec une vitesse qu'il y a vingt ans l'on aurait jugée fabuleuse, multiplieront singulièrement les rapports des peuples et des cités. Dans l'ordre matériel, le chemin de fer est le symbole le plus parfait de l'*association universelle*.

» Les chemins de fer changeront les conditions de l'existence humaine. Il y a vingt ans, ils n'étaient employés que pour le service intérieur de quelques mines : inventés d'hier, ils ont déjà éprouvé des perfectionnements prodigieux relativement à leur tracé, à leur construction et aux moteurs destinés à les parcourir. Déjà, grâce aux admirables machines locomotrices, façonnées par les ingénieurs anglais, on peut aisément s'y transporter avec une vitesse moyenne de dix lieues (quarante mille mètres) à l'heure[1], et je ne doute pas que prochainement l'on arrive à dépasser cette vitesse, même par tous pays. Or, quand il sera possible de métamorphoser Rouen et le Havre en faubourgs de Paris, quand il sera aisé d'aller non pas un à un, deux à deux, mais en nombreuses caravanes, de Paris à Pétersbourg, en moitié moins de temps que la masse des voyageurs n'en met habiuellement à franchir l'intervalle de Paris à Marseille, quand un voyageur, parti du Havre de grand matin, pourra venir déjeûner à Paris, dîner à Lyon et rejoindre le soir même à Toulon, le bateau à vapeur d'Alger ou d'Alexandrie; quand Vienne et Berlin seront beaucoup plus voisins de Paris qu'aujourd'hui Bordeaux, et que, relativement à Paris, Constantinople sera tout au plus à la distance actuelle de Brest, de ce jour un immense changement sera survenu dans la

1. Les voyageurs parcourent la distance de Liverpool à Manchester, qui est de 52 kilomètres (13 lieues), en une heure et quart.

constitution du monde; de ce jour, ce qui maintenant est une vaste nation, sera une province de moyenne taille[1].

» L'introduction, sur une grande échelle, des chemins de fer sur les continents et des bateaux à vapeur sur les mers, sera une révolution non-seulement industrielle, mais politique. Par leur moyen et à l'aide de quelques autres découvertes modernes, telles que le télégraphe, il deviendra facile de gouverner la majeure partie des continents qui bordent la Méditerranée avec la même unité, la même instantanéité qui subsiste aujourd'hui en France. Or, entre tous les pays, l'Angleterre exceptée, la France est de beaucoup celui où il est le plus aisé de communiquer l'impulsion du centre jusqu'à l'extrême circonférence[2].

1. En ce moment, sur les routes bien servies du continent, les diligences parcourent deux lieues à l'heure. En ne comptant que dix lieues pour les chemins de fer, il en résultera que les distances seront à peine le cinquième de ce qu'elles sont aujourd'hui. Si bien que les habitants de deux points placés à cinq cents lieues l'un de l'autre se trouveront dans les mêmes rapports qui existent maintenant entre ceux de deux villes éloignées seulement de cent lieues, et que, par conséquent, la population d'un pays dont la superficie serait de deux cent cinquante mille lieues carrées sera de fait placée dans les mêmes circonstances qui celle qui occupe aujourd'hui un territoire vingt-cinq fois moindre.

2. Les chemins de fer, outre les avantages de l'ordre moral et politique, présentent encore, sur les canaux et rivières, l'avan-

» Et cependant, quelles que soient les merveilles qu'enfante déjà la vapeur sous les doigts de l'homme, il est encore novice à la manier et à l'appliquer, soit aux chemins de fer, soit à la navigation. Les machines à vapeur sont des appareils compliqués et fort incommodes par leurs poids, et les expériences les plus scrupuleuses constatent qu'à peine elles utilisent quatre à cinq pour cent de la force calorifique du combustible consommé. Que sera-ce donc lorsqu'une nouvelle inspiration scientifique, ramenant l'unité dans les théories aujourd'hui embarrassées et complexes, aura éclairé ce qui n'est que ténèbres, tourné à profit ce qui fait obstacle, et mis de l'ordre au sein du chaos?

tage matériel de n'être point sujets à chômages pendant l'hiver, pendant les basses eaux, et surtout celui de coûter moins à établir; on peut même les construire provisoirement, pour la première fois, à un prix extrêmement bas, sauf à les construire plus solidement lorsqu'il ont vivifié le pays qu'ils traversent. M. Litz annonce qu'aux États-Unis d'Amérique, il en a été tracé de construction légère, calculée pour dix années de service, en fer et en bois, et qui n'ont coûté que 7,500 dollars le mille (22,000 fr. le kilomètre). C'est bien moins que les routes royales de France avec leurs larges berges de boue. D'un autre côté, la rapidité de la course permet aux fabriques, dont les produits les parcourent, de ne se point mettre en avance et de fabriquer, pour ainsi dire, au fur et à mesure des besoins de la consommation. Avec les canaux, au contraire, il y a toujours une grande quântité de produits en route, qui courent risque de se détériorer, et dont la valeur constitue une énorme mise dehors.

» Les chemins de fer figureront donc au premier rang parmi les moyens de transport qui relieront les divers points du *système méditerranéen ;* et déjà, comme un pressentiment d'avenir, les deux peuples les plus industriels du monde, l'Angleterre et l'Amérique du Nord, lorsqu'ils ouvrent des communications nouvelles, préfèrent généralement aujourd'hui les chemins de fer. »

SYSTÈME GÉNÉRAL.

» Or, maintenant, l'on peut considérer la Méditerranée comme une série de grands golfes, qui sont chacun l'entrée d'un large pays sur la mer. Dans chacun de ces golfes, il y aura à choisir un port principal, et presque partout il sera possible d'en trouver un sur l'axe de la plus importante des vallées aboutissant au golfe. Le port ainsi déterminé sera pris pour pivot d'un ensemble d'opérations dont la plus capitale serait un chemin de fer qui, remontant la vallée médiane, irait par dessus ou à travers le versant des eaux chercher une autre vallée de premier ordre, car les grands bassins des fleuves constituent généralement les divisions industrielles les plus naturelles. Et ses systèmes partiels, tous rattachés entre eux, constitueraient le système général.

» De la sorte, les grands courants d'eau seraient longés chacun par un chemin de fer, qui, en masse, leur serait parallèle, et le grand mouvement d'hommes et de produits qui aurait lieu le long de leur cours se trouverait partagé, de sorte que le chemin de fer ne porterait que les hommes et les produits légers, laissant à la navigation le soin de charrier les marchandises lourdes et encombrantes. Les communications secondaires seraient ensuite spécialement établies à l'aide de chemins de fer. »

ESPAGNE.

» L'Espagne, qui ferme la Méditerranée à l'une de ses extrémités, présente particulièrement un golfe en entonnoir mal clos, entre la côte de Valence et de Catalogne et les Baléares. Prenant Barcelone[1] pour point central de ce golfe, concevons un chemin de fer qui, rejoignant la vallée de l'Èbre, la remonte jusqu'à Saragosse, aille de là chercher le bassin du Tage, aborde Madrid et continue jusqu'à Lisbonne, à travers les plaines de la Castille, l'Estramadure et le Portugal. Celui qui établirait cette voie aurait consacré l'union du Portugal et de l'Espagne, car il n'y a d'association possible qu'entre

1. Le port de Tarragone, à moitié chemin de Barcelone aux bouches de l'Èbre, est cependant le port le plus sûr de la côte.

les peuples qui peuvent s'épancher matériellement l'un sur l'autre et vivre réellement de la vie l'un de l'autre. L'unité espagnole est fort imparfaite, quoique le gouvernement actuel la prépare tous les jours à son insu. Les douze royaumes d'Isabelle et de Ferdinand sont isolés, ont des lois diverses, des usages divers. Un autre chemin de fer qui, parti de Cadix, remonterait le Guadalquivir par Séville et Cordoue, rejoindrait Madrid, et irait vers Bordeaux par le bassin de la Garonne, s'il était possible; qui, lançant des embranchements à droite et à gauche de l'Èbre, liant ainsi le magnifique port du Passage avec Barcelone et Tortose, établirait la plus courte communication possible entre les deux mers[1]; qui, poussant d'autres bras, l'un à travers la vallée du Douero vers Porto, un autre vers les abondantes mines de charbon et de fer des Asturies, un troisième vers les riches mines de plomb de l'Andalousie[2]; un tel chemin, dis-je, avec tous ses rameaux et avec la grande voie de Barcelone à Lisbonne, serait comme un système de veines et d'artères le long desquelles la civilisation, circulant,

1. Il y a longtemps qu'un canal est projeté et même commencé dans ce but.

2. Ces mines, sises particulièrement près de Marbella, fournissent annuellement 32,000,000 de kilogr. de plomb. Ce sont les 3/7 de la production totale de l'Europe.

réveillerait l'Espagne assoupie, en relierait les membres disjoints et la ferait passer de la torpeur où ses gardiens l'ont plongée, afin qu'elle ne bondît pas hors du cercle tracé par le catholicisme, à cette enivrante activité qui tiendra sans cesse les populations en moiteur, sous l'empire d'une foi religieuse sanctifiant l'industrie, sur un sol riche et fertile, dans une atmosphère embaumée par les orangers et les aloès.

FRANCE. — ANGLETERRE.

» En France, le port principal du golfe de Lyon est Marseille [1] qui termine admirablement l'admirable vallée du Rhône. Il n'est personne qui, regardant la carte, n'ait rêvé quelque grande communication entre Marseille et le Havre, par Lyon et Paris, à travers les trois vallées du Rhône, de la Loire et de la Seine. La seule partie de cette belle voie qui pût présenter de sérieuses difficultés à vaincre, celle qui doit lier le bassin du Rhône au bassin de la Loire, est presque terminée aujourd'hui. Le plus haut avantage de cette grande communication serait certainement d'ouvrir à l'Angle-

1. Le port de Toulon est cependant beaucoup plus beau et plus sûr que celui de Marseille; mais Toulon étant port de guerre, le mouvement commercial s'est jusqu'à présent concentré sur la ville des Phocéens.

terre les abords de la Méditerranée. L'industrie jouera un beau rôle dans la régénération des peuples méditerranéens. La reine de l'industrie, l'Angleterre, ne saurait manquer d'apparaître avec éclat, dans les pacifiques croisades qui s'ébranleront en Occident, pour aller relever l'Orient à demi-enseveli sous des monceaux de ruines. Le chemin de fer du Havre à Marseille sera comme un pont jeté au-dessus de la France pour le passage de la puissante Albion, de ses ingénieurs et de ses trésors.

» Les principaux chemins de fer qui sillonneraient encore la France seraient : 1° celui de Toulouse à Bordeaux, qui continuerait sur Paris par Orléans, et qui, par Metz, Sarrebruck aux inépuisables mines de houille, Mayence et Francfort, irait tourner les Vosges et la forêt Noire pour entrer en Allemagne, et dont un embranchement rattacherait à Paris Mons, Bruxelles et Anvers ; 2° ceux qui de Lyon rejoindraient les bassins de la Meuse et du Rhin, et descendraient jusqu'à Maestricht et Amsterdam ; 3° celui qui poursuivrait la Loire jusqu'à Nantes, et de là irait rallier la superbe rade de Brest.

ITALIE.

» L'Italie, au territoire allongé, ressemble à un

messager de l'Europe vers l'Afrique et l'Asie. L'Italie à l'âme d'artiste, l'Italie voluptueuse et riante comme une fille d'Orient, aura une éclatante mission, dans l'ère qui s'ouvre pour les peuples de la Méditerranée. Mais l'Italie sans unité est condamnée à l'impuissance; l'Italie est bien morcelée; toutefois, le sentiment de l'unité l'agite jusqu'au fond des entrailles. L'emblème matériel de l'unité italienne sera un chemin de fer qui s'étendra de Venise à Tarente, par Florence, Rome et Naples, et auquel il sera facile de rattacher les points principaux du versant oriental des Apennins, ainsi que Livourne et les ports secondaires du versant occidental. Les derniers jours de Venise ne sont pas venus; ses lagunes qui se comblent et ses canaux qui s'engorgent, depuis qu'un lourd Autrichien la glace de sa présence, ne se changeront pas, comme les travaux des Sésostris et des Pharaons, en marécages fétides et impraticables. Qu'elles étaient brillantes les galères qui, portant la fleur des chevaliers de l'Occident, allèrent, après avoir en passant soumis Zara, asseoir Baudouin de Flandre sur le trône de Constantin et inaugurer le lion de Saint-Marc en Morée et dans les îles de l'Archipel! Eh bien! Venise lancera de son sein de nouveau des convois plus magnifiques. L'Adriatique est une pointe poussée par la mer vers le cœur de l'Allemagne; c'est une rade par laquelle l'Allemagne laborieuse est appelée à répandre autour de la Méditerranée ses produits et ceux des terres scandinaves. Venise, qui est assise au sommet de l'Adriatique comme une reine au-dessus de sa cour, sera le centre auquel aboutiront les rayons en grand nombre dont chacun apportera les richesses de toute une contrée. De Venise partiront des chemins de fer qui iront, l'un vers Gênes, sa sœur, veuve aussi de son doge et de son ancienne liberté; l'autre à Turin, par Milan; un troisième vers Hambourg, la Venise de la mer du Nord, par l'une des vallées latérales du Danube, la vallée de la Moldau et celle de l'Elbe, où fleurissent de riches cités, Prague, Dresde, Magdebourg [1]. Venise et Trieste, sa voisine, seront deux des plus beaux bazars du monde.

ALLEMAGNE. — TURQUIE D'EUROPE.

» L'Allemagne, dans ce grand mouvement qui pousse instinctivement tous les peuples vers l'unité, est presque parvenue à se donner un lien intellectuel. Il y a, en Allemagne, deux grandes divisions: l'Allemagne du nord et l'Allemagne du midi; l'une

1. Il existe un chemin de fer entre la Moldau et le Danube.

revenant des doctrines du protestantisme ou d'individualisme à l'unité; l'autre plus particulièrement occupée de s'initier à l'individualisme, après être longtemps restée fidèle aux doctrines exclusivement unitaires du catholicisme.

» Toutefois, il y a, par toute l'Allemagne, un même parfum de poésie contemplative, mystique, lien flottant qui relie vaguement les âmes élevées de la Teutonie. Il y a, entre les savants des universités, un lien plus saisissable. Les souvenirs du *Tugend-Bund Buschenschaft* sont d'autres éléments d'amitié également répandus sur l'Allemagne du nord comme sur l'Allemagne du midi. Mais les communications matérielles sont peu actives sur la terre germanique ; elles y sont loin de la célérité et de la régularité à laquelle elles sont parvenues en Angleterre ou en France. L'unité commerciale de l'Allemagne n'existe pas. De beaux chemins de fer établis dans quelques directions principales seront des liens qui resserreront tous ces peuples qui parlent la même langue et qui ne s'entendent pas; qui ont les mêmes mœurs, les mêmes habitudes, et qui restent de fait étrangers les uns aux autres. — Qu'on ouvre une voie qui, partant de Mayence ou de Francfort, où aboutirait celle de Cadix à Paris, prolongée par Metz, se dirige vers Ratisbonne dans la vallée du Danube, aille de là, par Lintz, Vienne, Presbourg et Ofen, jusqu'à Belgrade, où le sang de l'Orient et de l'Occident a coulé avec une si effroyable profusion; qu'à Belgrade elle se bifurque et qu'elle se dirige, d'un côté, vers Sophia, capitale de la Bulgarie, où elle se bifurquera encore pour rejoindre Salonique, dans l'Archipel, et Constantinople par Andrinople; de l'autre côté, par Bucharest jusqu'à Odessa, principal établissement dans la mer Noire, créée hier par un Français, M. de Richelieu, et dont la population est déjà de 40,000 âmes. — Qu'une seconde grande voie, prenant, comme la première, son origine à Mayence ou à Francfort, se déroule à travers la plaine immense qui commence aux Flandres, qui se développe sur l'Allemagne du nord, dans toute la Russie et dans les steppes de l'Asie septentrionale jusqu'au Kamschatka ; qu'elle coupe à Dresde la ligne de Venise à Hambourg, et qu'elle s'avance par Breslau, Varsovie, Vilna et Riga, jusqu'à Saint-Pétersbourg; qu'on la rattache, par des embranchements, à Brême, dans le bassin du Weser; par le Hanovre, pays de mines, aux bouches de l'Oder, à Dantzick, qui clôt le bassin de la Vistule; qu'à travers la Silésie et la Gallicie, provinces magnifiques, deux de ces embranchements relient, par Breslau, Berlin et le pays de Cracovie, le port d'Odessa à Stralsund, vers l'extrémité occidentale de la Baltique, et que l'un d'eux, se dédoublant pour traverser la Hongrie dans sa plus grande dimension, le long de la Theiss, noue les chemins du nord avec le système méridional établi autour de Belgrade. — Que des embranchements, partis de la grande voie du midi, aillent rejoindre les salines de la forêt Noire, circulent dans les plaines de la Souabe, remontent même jusqu'à Turin, s'il est possible, afin que le groupe du nord et le groupe du midi se déversent par cent issues l'un sur l'autre. — Et lorsque, par ce réseau symétriquement distribué autour de Dresde, qui est la ville des Français de l'Allemagne, ce beau pays, aujourd'hui emprisonné au milieu des terres, aura des portes ouvertes sur toutes les mers, sur l'Archipel, la mer Noire, l'Adriatique et la Caspienne ; lorsque les pacifiques bourgeois de Vienne, qui frissonnent encore au souvenir du grand vizir, Kara-Mustapha, pourront aller trafiquer à Constantinople, tout aussi commodément qu'un négociant de Paris va rendre visite à son correspondant de Lille; lorsque les savants de la Germanie, sentant leurs sens émoussés, pourront aller chercher des inspirations dans les jardins odoriférants de

Bujukdéré et de Térapia, sous le ciel enchanteur de la Propontide, tout comme le Parisien, qui a besoin de se distraire, va regarder à Dieppe le flux et le reflux de l'Océan ; lorsque l'académicien berlinois et l'étudiant de Gottingue pourront, en vingt-quatre heures, passer des salles de leurs universités aux collections du Jardin des Plantes, à une séance de l'Institut ou au musée du Louvre ; lorsque la grâce de l'Italie, la finesse des Hellènes et l'élégante aisance des Français, débordant incessamment sur l'Allemagne, se marieront avec la sincérité, la conscience et la bonté d'âme des Germains ; lorsque tout cela subsistera, qui peut dire quelles seront la splendeur, la richesse et la force d'association au sein de la Germanie ?

RUSSIE.

» Une portion des nations méditerranéennes se compose de populations passives, dont la docilité va sans efforts jusqu'au servilisme, et dont le progrès consistera surtout à être initiées à la vivacité française, à la mobilité italienne, à la dextérité bretonne. Tout sommeille chez ces nations, en masse les habitants y meurent, après avoir végété plutôt que vécu, sans s'être écartés hors de la vue de la chaumière qu'occupaient leurs ancêtres, semblables aux mollusques dont la coquille est fixée à un rocher. Telles sont les races slaves, tels sont les paysans de l'Autriche, de la Hongrie et de la Bohême; telle est la maison moscovite. Dans l'ordre politique, le moyen le plus efficace de les réveiller de leur somnolence consistera à placer près d'eux les exemples d'un mouvement extraordinaire, à les exciter par le spectacle d'une prodigieuse vélocité, et à les inviter à suivre le courant qui circulera à leur porte, par l'intérêt le plus positif et qu'ils sentent le mieux aujourd'hui, celui du bénéfice industriel. Sous ce rapport particulier, les chemins de fer exerceront une influence décisive sur la civilisation d'une grande partie du monde, et spécialement de la Russie.

» La Russie est de tous les pays celui où la construction des chemins de fer serait le plus facile. Le sol de la Russie est plat, il est couvert de forêts qui fournissent abondamment des bois à l'aide desquels la construction de routes à ornières sera fort peu dispendieuse; c'est aussi celui où ils seraient le plus utiles. La Russie est baignée par de très-beaux fleuves : les deux Dwina qui courent au nord; le Dniester, le Dnieper, le Don et le Volga, qui ont leur pente au sud; aussi a-t-il été facile, à l'aide de quelques canaux, d'établir dans ce vaste territoire plusieurs communications entre les mers qui le baignent au midi et celles qui le baignent vers le pôle ; mais ce sont des voyages sans fin, et d'ailleurs la gelée y rend la navigation impossible pendant plus de six mois. Les principaux ports de la Russie, dans la mer Noire, sont Odessa et Sébastopol ; dans la mer d'Azof, Taganrog, où mourut l'empereur Alexandre, et dans la mer Caspienne, Astrakan ; placés l'un entre les bouches du Danube et du Dnieper, le second à l'embouchure du Don, le troisième aux bouches du Volga, Odessa et Astrakan surtout sont les centres d'un commerce immense. Les chemins de fer qu'il importerait le plus d'ouvrir, à travers ces terres à demi sauvages, seraient ceux qui rapprocheraient de ces deux ports les principaux points du territoire. On conçoit qu'une route en fer qui d'Odessa irait à Riga et à Pétersbourg par Kiew, qui d'Odessa continuerait ensuite vers Astrakan par Taganrog, qui d'Astrakan s'élancerait vers Saint-Pétersbourg par Moscou, à travers le long et large bassin du Volga, et pousserait jusqu'à Arkangel sur la mer Blanche, comprendrait les lignes les plus importantes du réseau vivifiant qui doit animer la Russie, et lui faire perdre le caractère engourdi d'un peuple cerné par les neiges.

ASIE ET AFRIQUE.

» Je passe à la Turquie d'Asie, à cette terre poétique où ont passé tant de peuples fameux, et sur le sol de laquelle se sont nivelés les débris de tant de grands empires. C'est là que l'imagination de nos pères avait placé le paradis terrestre avec ses ineffables plaisirs; c'est là que vécurent Abraham et Melchisédech, le grand-prêtre du Très-Haut; c'est là que s'élevèrent ces colosses de faste et de puissance, dont les grandes traditions ont perpétué la mémoire solennelle; là furent Babylone et Ninive; là se dessinent encore les grandes ombres de Sémiramis et de Bélus; là est l'empreinte de l'orgueilleux Nabuchodonosor. Les Chaldéens, fameux par leur science astronomique, les Lydiens aux richesses fabuleuses, le peuple d'Assur, le grand Cyrus et les rois des rois y ont apparu tour à tour dans leur voluptueuse magnificence. Puis les lieutenants d'Alexandre y implantèrent les merveilles d'Athènes et de Corinthe, et les califes, successeurs de Mahomet, y cultivèrent les sciences et les arts. C'est de là que partirent les Phéniciens pour leurs expéditions aventureuses; c'est de là que de florissantes colonies vinrent peupler le littoral de la Méditerranée; et tout cela n'est plus! De tous ces trônes et de toutes ces dominations, il ne reste que poussière, et cette poussière n'a pas fécondé le sol. Cette terre, dont les délices avaient été successivement goûtés par tous les peuples, sur laquelle les Celtes grossiers et les non moins grossiers fils d'Othman étaient accourus s'abreuver de jouissances, est aujourd'hui flétrie. Il semble que, comme la Baies des Césars, elle ait dû expier par sa ruine les débauches dont elle fut souillée en des jours de dissolution. Aujourd'hui les villes y sont disséminées, les populations rares; l'Euphrate et le Tigre y coulent au milieu de décombres et de champs sans culture.

» La configuration de cette contrée permettrait d'y tracer un long chemin de fer qui se relierait au système que nous avons conduit jusqu'à Constantinople. Vis-à-vis la capitale des sultans, sur le Bosphore, est Scutari, l'ancienne Chrysopolis, la Ville-d'Or, car tout était d'or sur cette terre privilégiée. Ce chemin de fer, partant de Scutari, irait chercher l'Euphrate en remontant vers la mer Noire, traverserait sur la trace de ce beau fleuve les défilés du Taurus, entrerait ainsi dans la vaste plaine de la Mésopotamie, et arriverait aisément au golfe Persique par Bagdad et Bassora. Divers embranchements y rattacheraient, l'un Erzeroum et Trébisonde à l'extrémité orientale de la mer Noire; un autre, Alep, la vallée de l'Oronte, le bassin du lac Asphaltide et le Caire en Égypte; un troisième pourrait probablement pénétrer jusqu'à Smyrne; un autre enfin, conduit par Téhéran et Recht, unirait le golfe Persique et la mer Caspienne par leurs points les plus rapprochés.

» Concevons maintenant qu'on poursuive un pareil système de travaux sur la côte d'Afrique, tout le long des Régences barbaresques, jusqu'à Ceuta, vis-à-vis Gibraltar; qu'on trace, par exemple, un chemin de fer depuis l'île d'Éléphantine jusqu'à Alexandrie, et que, par des embranchements, on fasse communiquer les oasis d'Égypte avec la vallée du Nil, on aura ainsi, tout autour de la Méditerranée, un premier réseau sur lequel on brodera des réseaux secondaires, de manière surtout à faire converger les communications vers les ports qui serviront de centre à chaque bassin. Concevons que, poussant devant soi la civilisation, l'Europe s'étende peu à peu sur l'Asie, par les Russes au nord, par les Anglais au midi, par la Turquie à l'ouest; supposons que, d'un côté les Américains y affluent à l'est; imaginons que, pour mettre en activité le double courant qui, de l'Amérique et de l'Europe, viendrait visiter la vieille Asie, l'on perce les deux isthmes de Suez et de Panama, et représentons-nous, s'il est possible, le ravissant tableau qu'offrirait bientôt l'ancien continent.

AUTRES TRAVAUX.

» Et ce n'est pas tout. Concevons encore que les améliorations au régime des communications par eau marchent de front avec l'ouverture des chemins de fer, de sorte que tout puissant cours d'eau soit rendu navigable directement par des travaux opérés dans son lit, ou indirectement par le creusement du canal latéral.

» Concevons que des milliers de bateaux à vapeur sillonnent la Méditerranée dans tous les sens, de Sébastopol à Gibraltar, de Carthagène à Smyrne, de Venise à Alexandrie; que d'autres remontent les grands fleuves qui l'alimentent, et parcourant ses rives dentelées, fouillent tous les coins de l'Archipel grec, de l'Adriatique, de la mer Noire, de la Baltique, de la mer Caspienne, et des golfes Arabique et Persique.

» Concevons que, sur tout le territoire méditerranéen, l'agriculture soit rendue florissante, et que, particulièrement à cet effet, les nombreux canaux d'irrigation et de desséchement qu'elle réclame soient ouverts sans plus de retard; que la richesse minérale soit exploitée conformément à un grand plan d'ensemble, que des fabriques de toute sorte façonnent les produits nécessaires au bien-être de l'homme.

» Supposons enfin un vaste système de banques qui répande un chyle salutaire, dans toutes les veines de ce corps à la dévorante activité, aux articulations innombrables.

» Admettons pour un instant que cette création gigantesque soit entièrement réalisée demain, et demandons-nous si, au milieu de tant de prospérité, il pourrait se trouver un cabinet qui, saisi d'une fièvre belliqueuse, songeât sérieusement à arracher les peuples à leur activité féconde, pour les lancer dans une carrière de sang et de destruction ; si alors il existerait des capitalistes qui, effrayés d'un avenir incertain, resserrassent leurs capitaux, et des populations affamées qu'on pût décider à l'émeute.

FRAIS DE RÉALISATION.

» Or, tous les chemins de fer que je viens d'esquisser, en y comprenant une foule d'embranchements que je n'ai pas indiqués, formeraient un développement d'environ 6,000 myriamètres (15,000 lieues de poste); et, à raison de 750,000 fr. le myriamètre à double voie, ils coûteraient en somme quatre milliards cinq cents millions de francs[1].

1. On peut évaluer la dépense d'un chemin de fer, construit avec grande solidité et à double voie, à 800,000 fr. ou 1,000,000 de fr. le myriamètre. Je n'ai compté ici que 750,000 fr., parce que sur beaucoup de points il y aurait avantage à commencer par une construction provisoire, parce qu'une partie des chemins pourrait d'abord n'exister qu'à une voie, et parce que dans beaucoup de pays (notamment dans l'Allemagne et dans le Nord), on pourrait, en faisant entrer le bois dans la construction, obtenir une économie considérable.

Une partie des dépenses des travaux publics, chemins de fer, canaux et améliorations des fleuves, provient de la difficulté des percements et aplanissements. La science ne peut tarder à perfectionner les procédés dont on se sert aujourd'hui pour cet objet. C'est par la poudre à base de salpêtre qu'aujourd'hui l'on fait sauter les rochers qui hérissent les fleuves, c'est par elle qu'on s'avance dans les flancs des montagnes. Or, la poudre est ce qu'elle était il y a cinq cents ans, quoique depuis lors la chimie se soit enrichie d'innombrables découvertes. Il existe déjà des mélanges détonants qui lui sont bien supérieurs : tels sont ceux à base de chlorate de potasse ; tels sont surtout les fulminates. Pendant la révolution, le gouvernement français fit faire des essais en grand avec la poudre de chlorate ; on y renonça parce qu'elle était d'un maniement difficile, surtout dans les armées, où l'on opère précipitamment et sans précaution. Les fulminates, dont la force de détonation est plus que centuple de celle de la poudre à base de salpêtre, ne peuvent être approchés sans danger que par des doigts extrêmement habiles. Mais le progrès de la civilisation, sous le rapport industriel, consiste en ce que l'homme s'approprie les instruments qu'il n'avait pas su maîtriser d'abord, et dont la puissance est précisément en raison de l'adresse qu'ils exigent. C'est ainsi qu'il a fait des merveilles avec la poudre à canon qui avait tué son inventeur, c'est ainsi que la vapeur et le gaz, sous sa main, sont devenus des

» C'est à peu près ce qu'a emprunté la France depuis le commencement de sa révolution pour faire la guerre.

» Or, si on allouait pareille somme à l'amélioration du régime des eaux navigables et à l'établissement de canaux d'irrigation ou de desséchement dans toutes les contrées méditerranéennes ;

» Pareille somme à l'établissement d'un système unitaire de banques qui fécondât l'industrie dans toutes ces contrées ;

» Pareille somme, enfin, à la fondation d'un ensemble d'écoles, de gymnases, de musées, où toute la jeunesse recevrait, sans distinction de naissance, une éducation morale et professionnelle ;

leviers admirables. La science est actuellement dominée par des préjugés chrétiens. Ses théories, ses découvertes de détail ont été conçues sous l'empire de la croyance au mal *absolu*, à *Satan*, sous l'inspiration du *libera nos a malo*. Habituellement, les savants n'ont cherché qu'à *préserver* l'homme d'agents supposés essentiellement *mauvais*, tandis qu'il faudrait plutôt chercher à *utiliser* ces agents et les rendre *bons*. C'est ainsi qu'on a eu des *paratonnerres*, et que rien n'a été fait pour *tirer parti* de l'immense force que recèle l'atmosphère dans les moments d'orage. La doctrine de la *réprobation absolue*, ou, en d'autres termes, du dualisme *dieu* et *diable*, est donc à l'insu des savants dans la science, et c'est là ce qui l'arrête. Lorsque, au contraire, la science sera fondée sur la doctrine de l'*élection universelle*, sur la révélation DIEU EST TOUT CE QUI EST, elle rencontrera de magnifiques occasions de progrès là où jusqu'à présent elle n'a pu voir que des obstacles.

» La dépense totale s'élèverait a dix-huit milliards.

» C'est à peu près ce que l'Angleterre a emprunté depuis soixante ans pour faire la guerre.

» Les puissances européennes ont en ce moment sous les armes trois millions d'hommes, dont l'entretien, avec celui des places fortes et du matériel de guerre, peut être évalué à 1,500 millions de francs [1]. Si, pendant douze ans, cette somme était appliquée à la réalisation du plan que nous venons d'esquisser (et, certes, il ne faudrait pas un moins long intervalle pour l'amener à complète réalisation), le monde aurait changé de face sans que les peuples eussent augmenté d'un centime leurs budgets.

» Et si l'on tenait compte de la masse de produits que pourraient créer ces soldats, qui forment la partie la plus robuste et la plus alerte de la population, et qui retourneraient aux travaux industriels, si les gouvernements abandonnaient le système d'observation armée dans lequel ils épuisent les nations, pour s'associer en *confédération méditerranéenne;* si l'on tenait compte de l'immense développement que prendrait l'industrie, le jour même

1. L'entretien d'un fantassin coûte 500 fr.; celui d'un cavalier, 750.

où un congrès[1] aurait posé les bases de cette confédération ; de la sécurité qui, renaissant aussitôt, ranimerait le crédit éteint depuis Juillet, et le porterait en peu d'instants à une hauteur inouïe, on concevrait sans peine qu'en supposant indispensable de demander à l'impôt, pour les appliquer à l'œuvre pacifique, les 1,500 millions que dépense annuellement l'Europe pour entretenir ces trois millions d'hommes dans une oisiveté fort active, la charge serait légère aux populations. Mais il est évident que, pour une destination aussi morale, aussi utile, aussi glorieuse que l'affermissement d'une paix éternelle et l'avénement politique de l'industrie rehaussée de cent coudées, les gouvernements associés trouveraient à emprunter annuellement, aux conditions les plus avantageuses, une somme égale à ces 1,500 millions, et une somme double, s'il le fallait.

» Je suis convaincu que si on évaluait la dépréciation qu'a subie la richesse du monde depuis les événements de Juillet, le chiffre de cette dépréciation s'élèverait au moins aux deux tiers de la somme totale de 18 milliards qu'exigerait l'exécution entière de notre plan.

» Tel est le système politique que nous propo-

[1] En 1863, il a été proposé par la France et refusé par l'Angleterre.

sons à tous les hommes qui sont préoccupés de la crise européenne, aux méditations des diplomates et des gouvernants. Quelle que soit la bannière qu'ils aient suivie jusqu'à ce jour, quel que soit le principe qu'ils aient représenté dans les divisions du monde, ils trouveront satisfaction à leurs vœux dans la mise en pratique de notre plan. Tous y trouveront la fin de leurs tâtonnements et des incertitudes qui depuis dix-huit mois tiennent un congrès assemblé pour ne rien conclure. Dans une œuvre pareille il y a place pour tous les hommes de capacité, que leur chimère ait été le républicanisme, ou l'absolutisme, ou le juste-milieu; pour M. de Metternich comme pour lord Grey, pour M. Périer comme pour M. Nesselrode, pour M. de Chateaubriand comme pour lord Wellington; et voilà précisément pourquoi l'adoption de ce système sera la consécration de la paix du monde.

» Il y a place dans cette œuvre pour les savants dont les lumières ont à éclairer le plan, et dont les méditations en prépareront la réalisation et la rendront plus facile. Il y a place pour les hommes d'art de tous les pays, pour les ingénieurs qui, en Angleterre et sur le continent, ont recueilli et fait fructifier l'héritage des Riquet et des Watt. Il y a place pour les industriels aux mains desquels la nature verse ses produits et qui les métamorphosent en cent façons pour l'embellissement de l'humanité et du globe qu'elle habite. Il y a place pour les commerçants infatigables qui, d'un pôle à l'autre, vont chercher ses produits, place de plus en plus large, de plus en plus commode pour le pauvre peuple des ateliers et des campagnes; place, et sur les premiers rangs, pour les banquiers dispensateurs du crédit, dépositaires de la richesse des individus et des États.

» Il y a place en vue de tous, place entourée d'or et de pourpre, place ornée de guirlandes de fleurs pour les poëtes, pour les hommes d'inspiration qui jusqu'ici, ne trouvant de grand dans la société que la guerre, ont chanté la guerre et ses scènes de deuil, et qui maintenant ont à chanter l'épithalame de l'Orient et de l'Occident. A leurs voix, que l'Italie et l'Espagne secouent leur léthargie; que les villes de la Grèce et de l'Asie sortent de leur sépulcre. Nouveaux Amphions, qu'ils donnent naissance à de riches cités, là où tant de grandes nations sont ensevelies pêle-mêle. Tyrtées pacifiques, qu'ils prêchent de pacifiques levées qui reportent le dépôt de la civilisation aux terres d'où l'Europe l'avait reçue; qu'ils aillent à la tête des peuples, enrégimentés en travailleurs, sur les bords du Tage ou de l'Ilissus, aux ruines de Palmyre ou dans la plaine des Pyramides, faire un de ces pèlerinages dont l'idée est si souvent venue, dans leurs rêveries, caresser mollement leur imagination vagabonde, alors qu'ils aimaient à égarer leur pensée, afin de la délasser du prosaïque spectacle des sociétés modernes, pourries d'égoïsme, abîmées de décrépitude.

» Tel est notre plan politique.

» Combiné avec l'œuvre morale conçue par notre PÈRE SUPRÊME, dont il est la traduction matérielle, il doit assurer un jour le triomphe de notre foi.

» MICHEL CHEVALIER. »

Les conceptions industrielles, les idées de progrès matériel et d'expansion internationale, susceptibles de réalisation prochaine, se combinaient donc à merveille, dans l'esprit d'Enfantin et de ses disciples, avec les théories morales, frappées de suspicion ou de réprobation, comme fantastiques ou immorales. Ainsi les avertissements les plus utiles, les meilleurs conseils arrivaient à la puissance publique, du côté des hommes qu'elle s'efforçait, à cette heure même, de faire taire et de flétrir.

Mais ces hommes n'étaient pas de ceux qui se rebutent devant les obstacles ou les dangers. Ils avaient le bonheur de croire à quelque chose, dans un temps où le scepticisme, dominant partout sous des formes diverses, déconcertait les intelligences et desséchait les âmes, au sommet comme au dernier échelon de la hiérarchie sociale. Ils avaient foi en Celui qui se sent vivre dans tout ce qui est; foi en Dieu, foi en l'humanité, foi en eux-mêmes. Loin de se condamner au silence, parce qu'ils étaient incompris et raillés, dédaignés ou persécutés, ils continuèrent donc d'enseigner hautement, infatigablement, leurs détracteurs inintelligents et leurs aveugles persécuteurs. Après l'exposition du système méditerranéen, le *Globe*, poursuivant le développement de la *politique nouvelle*, et rencontrant toujours devant lui les pouvoirs officiels, obstinés ou résignés à ne rien faire pour la guérison des plaies sociales, de plus en plus larges et béantes, le *Globe* s'exprimait ainsi, le 8 mars :

« Dans son voyage en Alsace, le roi Louis-Philippe a dit un mot qui peint parfaitement la situation du gouvernement vis-à-vis de l'industrie. Les magistrats de Mulhouse lui avaient énuméré les désastres de leur ville et les douleurs de la classe industrielle; *nos ateliers*, disaient-ils, *sont déserts et nos ouvriers sans pain;* à ce tableau, le roi fut profondément touché, mais sa réponse fut : *Je ne puis que gémir*. Et il disait très-vrai : les habitudes gouvernementales, telles qu'on les comprend généralement, ne lui permettaient guère de témoigner sa sympathie pour les travailleurs ruinés du Haut-Rhin, autrement que par des vœux stériles.

» Supposons qu'au moment où le roi Louis-Philippe venait de faire cette réponse aux magistrats alsaciens, un courrier, arrivé en toute hâte, fût entré dans la même salle, et lui eût dit : « Sire, les trou-
» pes françaises se gardaient mal dans leurs canton-
» nements ; les colonels ne s'entendaient point,
» le désordre était parmi les soldats ; quatre-vingt
» mille Austro-Sardes ont débouché à l'improviste
» par Montmélian ; Grenoble est pris, Lyon est
» bloqué, l'armée est à la débandade. » Supposons qu'à cette funeste nouvelle, le roi eût répondu par ces mots : *Je ne puis que gémir*, qu'en eût-on pensé ? qu'en eût-il pensé lui-même ? Et lorsque les industriels *ne s'entendent pas*, lorsque le *désordre* est dans l'organisation industrielle, lorsque une grande catastrophe vient les atteindre à l'*improviste*, lorsqu'ils sont *bloqués* par la faillite, n'a-t-on rien à leur dire que ces mots désespérants ? n'a-t-on rien à *faire* pour les sauver de leur perte ? Si les intérêts industriels sont reconnus supérieurs aux intérêts guerriers, conçoit-on tant de zèle pour la *guerre*, une si maigre sollicitude pour le *tra-*

vail? . . . . Nous, grâce à Dieu, nous n'en sommes plus à renouveler, en fait de *politique générale*, le rêve de l'abbé de Saint-Pierre. Nous avons plus qu'un vague SENTIMENT, nous possédons une CONCEPTION, avec sa *formule* et sa *figure* ; nous pouvons tracer notre carte méditerranéenne, comprenant l'Europe entière, une partie de l'Afrique et de l'Asie. Qui aujourd'hui, en dehors de nous, a une politique seulement européenne découlant ainsi d'une pensée unique? Qui pourrait traduire ainsi ses principes politiques par une carte de géographie? Considérant les peuples méditerranéens dans leur ensemble, nous avons à leur proposer une *œuvre* gigantesque, c'est l'établissement d'un système de chemins de fer dont nous avons esquissé le principal réseau, qui changera toutes leurs relations, et triplera leur vie en les rapprochant prodigieusement les uns des autres. Travail superbe en qui se résume une complète régénération industrielle, et dont l'exécution est nécessairement liée à une reconstitution pacifique et successive de tout l'ordre social, afin que le monde, organisé jusqu'ici pour la guerre, c'est-à-dire pour la destruction et la violence, s'organise définitivement pour le travail, c'est-à-dire pour la production et la paix.

» En fait de *politique* plus spécialement *française*, nous avons de même une pensée nette : c'est la transformation de l'armée en un vaste système d'éducation professionnelle pour la masse de la population. Les régiments avec leurs costumes, leur musique, leur religion du drapeau, deviendraient alors de grandes écoles d'arts et métiers où les travailleurs trouveraient un fonds précieux de sentiment d'honneur et d'habitude de ponctualité. Le plan d'organisation de l'armée figurerait l'encyclopédie de l'industrie, et provisoirement les travaux créateurs n'excluraient pas les exercices militaires, pas plus que les études scientifiques de l'École polytechnique n'excluent maintenant l'apprentissage de la manœuvre; ainsi l'impôt du sang serait changé en une initiation féconde; ainsi le travail serait organisé et ennobli; ainsi, parmi les travailleurs, il y aurait association de SENTIMENTS, d'*idées* et d'*efforts*, c'est-à-dire RELIGION.

» Voilà l'ébauche de notre conception de politique *générale* et de politique *intérieure*, notre avant-projet d'organisation du *travail* et des *travailleurs*. Nous avons déjà commencé à élaborer et à développer ces idées premières encore mal dégrossies; nous continuerons infatigablement en rattachant à notre premier anneau, sauf modification, toutes les institutions existantes, de manière à faire passer doucement la société de sa condition actuelle à l'ordre que nous lui apportons.....

» Les premiers, après les événements de Juillet, au milieu des cris de guerre, nous avons affirmé, nous avons répété presque chaque jour que l'acte diplomatique le plus important à accomplir, c'était l'alliance de la France et de l'Angleterre. En ce moment, cette alliance est dans les désirs de la partie la plus éclairée des deux nations, et elle est à peu près conclue. Nous laissons à M. de Talleyrand la gloire d'avoir fait prévaloir cette pensée à la conférence de Londres; nous revendiquons pour nous celle de l'avoir fait passer dans la presse et de l'avoir popularisée.

» Pendant quelques mois, nous avons mis à nu l'amortissement, nous l'avons analysé avec une imperturbable constance, et voici qu'à la discussion du budget, pour la première fois l'utilité de l'amortissement a été mise sérieusement en question à la tribune : cent soixante-treize voix se sont élevées contre lui; il disparaîtra à la session prochaine.

» Dans le *Globe* de 1831, nous avons réclamé avec non moins de persévérance l'établissement d'un impôt progressif sur les successions; par l'organe de M. Humann, la commission des recettes a déclaré adopter ce principe. Elle ne l'a appliqué qu'avec une réserve excessive ; mais le principe est posé, et le Français est de tous les peuples le meilleur logicien.

» Il n'y avait pas quinze jours que nous avions démontré les avantages immenses que la France et la civilisation retireraient d'un chemin de fer du Havre à Marseille, et déjà M. d'Argout annonçait à la tribune que la concession lui en avait été demandée.

» Que ceci serve de pronostic à ceux qui douteraient de ce qui doit arriver dès que nos principales idées politiques auront été assez mûries pour être mises en œuvre. Ceux qui déjà nous connaissent savent que notre puissance MORALE va toujours précédant notre influence *politique;* ils ont vu comment l'autorité personnelle de notre PÈRE SUPRÊME et de ses fils a toujours été grandissant, si bien que nous avons toujours obtenu les moyens de réaliser nos projets dès qu'ils ont été réalisables. Ceux-là ont à rendre autour d'eux témoignage de nous et de notre avenir, jusqu'à ce que tous nous connaissent, nous aient vus, nous aient touchés ; ce qui ne saurait plus tarder, car nous ne voulons pas d'un apostolat d'isolement ou de ténèbres. M. C. »

Oui, c'était à la clarté du jour, à la face du ciel,

et fortement serrés en phalange sacrée autour d'un chef vénéré, admiré, obéi et aimé de tous, que les apôtres saint-simoniens marchaient religieusement à leurs conquêtes pacifiques. Toutefois, cette admiration, ce respect, cet amour, en établissant parmi eux la plus puissante des disciplines, conservaient aux inférieurs, à l'égard du supérieur, l'indépendance de la pensée et la liberté de la parole. Nous en avons fait la remarque [1] à l'occasion du conseil privé que le duumvirat Bazard-Enfantin voulut placer entre lui et le collége. Il y eut alors quelques manifestations improbatives. L'entrée de plusieurs membres du second degré, dans le collége renouvelé, après la double séparation de Bazard et de Rodrigues, souleva aussi des réclamations qui furent néanmoins respectueusement hasardées. Le chef de l'Église de Metz, Félix Tourneux, officier d'artillerie [2], en prit l'initiative dans une lettre adressée à Enfantin lui-même. Après avoir demandé, pour l'Église qu'il dirigeait provisoirement, un chef libre de tous ses moments, il ajoutait :

« Encore deux mots. Je ne suis pas dans mon jour de flatterie ; l'état d'oppression permanente

1. Voir le 3me volume, pages 71 et 111.

2. Félix Tourneux occupe aujourd'hui un poste élevé dans la direction de l'une des voies ferrées de la France.

dans lequel me tient ma position et celle de la doctrine, à Metz, ont rendu à mon cœur un peu de son âpreté républicaine. Je veux donc faire ici acte d'opposition et vous dire que, *moi* personnellement, *je n'acclame point* à la promotion qui vient d'attirer plusieurs membres du second degré au sein du collége. Ce n'est pas ainsi qu'on remplace les Jules, les Transon, les Reynaud, etc. Cependant, je ne comprends pas tous dans ma proscription, je me contente de dire qu'en général à la tête de la doctrine se trouvent des hommes faibles. Mais il faut une tête. Songez donc que c'est celle de l'humanité. Par la seule composition de notre collége, nous pouvons écarter des hommes de mérite, et ce sont ceux dont nous avons besoin. Maintenant je dois ajouter que ce refus d'acclamation n'est que de vous à moi ; il est connu de Dévoluet seul. Je considère l'apostolat comme un temps de sacrifices, et je sais me soumettre à ses exigences...

» J'ai fait, vendredi dernier, une séance aux fouriéristes sur leur doctrine et la nôtre. Je leur ai fait voir que la différence entre eux et nous consistait en ce qu'il n'y avait pas chez eux place pour le dévouement ni pour la constance, qu'en conséquence, leur analyse passionnelle était incomplète ; ils ne veulent point de l'abolition de l'héritage, leur dogme est spiritualiste; ils prennent l'association par la queue, lorsqu'ils s'imaginent de commencer par l'organisation de la commume, et non point par celle du globe; enfin ils négligent le développement historique de l'humanité et nient par là virtuellement la Providence. Du reste, leur loi *de la Série*, leurs *travaux attrayants* et tout ce qui s'ensuit est bon à prendre; nous l'avons déjà, en germe du moins, et il ne s'agira que d'appliquer lorsque les matériaux seront entre nos mains. Voilà comment j'envisage Fourier, comment il m'a toujours apparu. Ils m'ont dit que je ne le connaissais pas, que, du reste, en leur faisant une si belle part, j'étais loin de l'orthodoxie saint-simonienne. A qui cependant doivent-ils s'en rapporter, à Metz, au sujet de la doctrine? A nous probablement qui la représentons. — Mais c'est là, disent-ils, le dogme de l'infaillibilité papale; tu peux te tromper, etc.; causeries. — La séance s'est terminée ainsi; plus une discussion sur le libre arbitre et la Providence, dans leurs combinaisons à propos de notre axiome : « Toute » douleur est une condition de progrès. »

» Nous avons reçu ce matin la première leçon de Jules. De tous côtés, en ce moment, pleuvent sur la doctrine les accusations de mauvaise foi à l'égard de Fourier et des dissidents. Sans y croire, je vous dirai hautement que beaucoup d'entre nous me semblent, à l'égard de Fourier, dupes d'une prévention que je n'ai jamais partagée. Je retrouve cette prévention dans le silence du *Globe* à l'égard de ce *grand* homme : il me semble se conduire, vis-à-vis de lui, comme les libéraux vis-à-vis de nous : conspiration de taciturnité. C'est en partie pour faire cesser un peu ces clameurs que je me suis cru obligé de consacrer, il y a huit jours, une séance aux fouriéristes, malgré que je sente tout ce que ma science et mon discours avaient d'incomplet. »

Le *Globe* répara bientôt l'oubli dont se plaignait le chef de l'église de Metz. Plusieurs articles furent consacrés à l'examen du système de Fourier. Nous extrayons quelques passages remarquables de l'un de ces articles, écrits par Adolphe Guéroult, qui faisait alors ses premières armes dans la presse.

« Sans doute, pour qui laisse errer ses yeux à la surface de l'époque, pour qui compare ces doctrines tremblotantes, minutieusement occupées de la stérile autopsie des systèmes, avec les audacieuses et vivantes théories du siècle dernier ; la carrière tumultueuse et passionnée des tribuns de la Constituante et de la Convention avec les routinières et somnolentes habitudes des orateurs politiques du jour, il y a là le sentiment d'une déchéance profonde, et le XIXe siècle n'apparaît que comme une caduque et agonisante prolongation du XVIIIe. Oui, c'est bien là un monde qui s'en va, qui s'éteint ; monde sans amours et sans haines vigoureuses, à passions froides et petites, monde rabougri. Aussi bien laissons cheminer cette société aux tristes insignes, et cherchons plus à fond, car il ne peut y avoir de lacune dans le progrès, et les éléments de la rénovation doivent être depuis longtemps préparés. Grâce à nous, le temple commence à sortir de terre, mais remontons un peu à l'origine. Voyez sous l'Empire, au milieu du fracas de la conquête et à côté des pacifiques exploits de l'industrie et de la science, voyez commencer une élaboration intime et confuse, une germination sourde et latente, une recherche d'avenir, d'abord méprisée par le grand nombre comme une défiance injurieuse du présent. En dépit de l'éclat de la gloire militaire et de la prospérité intellectuelle et commerciale, un pressentiment obscur agite quelques hommes, les avertit que ce brillant édifice est le colosse aux pieds d'argile, que la société n'a pas de bases, qu'elle attend un renouvellement complet de toutes ses croyances morales, religieuses ; qu'il faut une solution nouvelle à tous les problèmes sociaux, car on vit de routine, marchant sans principes, sans boussole, et chaque jour une logique fatale entraîne quelques lambeaux des pratiques sur lesquelles la société repose dans l'abîme où se sont déjà engouffrés les sentiments et les croyances qui leur avaient servi de sanction; il faut de l'unité, il faut quelque chose qui puisse rassembler, rallier les élans d'une activité incertaine et divergente; il faut un point fixe sur lequel on puisse s'orienter, il faut un dogme, une religion nouvelle; c'est là ce que les esprits élevés de l'époque recherchent tous avec une conscience plus ou moins nette de leur œuvre.

» Tant que le mot de cette grande énigme n'aura pas été trouvé, vous verrez les vieilles croyances morales et religieuses, les vieilles institutions politiques survivre à tous les ouragans, se cramponner au sol, et meurtries, sanglantes, mourantes, désespérer, par la lenteur de leur vivace agonie, leurs ennemis épuisés par de stériles victoires. Les Bonald, les Montlosier professeront encore les doctrines de l'ancien régime dans la patrie des Babeuf et des Marat; Chateaubriand, dépouillant du cilice le vieux squelette de la foi pour le parer d'un ajustement mondain, fera admirer en France le génie du christianisme, comme si de Voltaire il n'eût jamais été question; et de Maistre, campé sur les hauteurs d'une imprenable orthodoxie, jetant un regard de pitié sur le troupeau philosophique, couvrira de son mépris de gentilhomme chrétien tous ces maçons ignorants qui se donnent des airs d'architectes, et qui oublient que Dieu seul est l'architecte des nations ; magnifique protestation d'un athlète vieilli, mais assez vigoureux encore pour ne vouloir céder la place qu'à un successeur digne de le remplacer. Cependant, tandis que tous ces champions du passé regardent en arrière, madame de Staël, élevée dans l'indépendance protestante et agitée de pressentiments que son cœur de femme lui révèle, se tourne vers l'avenir, appelle, annonce une foi nouvelle, et raconte à la France les religieuses méditations de l'Allemagne, de l'Allemagne où tous les penseurs, Lessing, Kant, Fichte élaborent de vastes systèmes d'unité qui doivent se perfectionner encore entre les mains de Schelling, Hegel et Krause.

» En France aussi, de nombreuses idées fermentent; tandis que Saint-Simon, animé dans tous ses travaux du besoin de mettre un terme à la crise européenne, provoque inutilement dans la science une rénovation capitale par sa conception sur la méthode; produit sur l'industrie, la politique et l'histoire, les vues les plus hautes et les plus fécondes; remue les hommes et les idées, et se prépare ainsi à ébaucher dans le *Nouveau Christianisme* une solution du passé et de l'avenir religieux de l'humanité, d'autres hommes, placés moins haut que lui, mais préoccupés aussi du besoin de la rénovation, taillent déjà quelques-unes des pierres qui doivent entrer dans la construction du nouvel édifice. Azaïs expose le système de l'*explication universelle;* Wronski dépose dans la *Philosophie mathématique*, et le *Sphinx*, le germe des conceptions transcendantes qu'il développe aujourd'hui dans le *Messianisme;* Aucar publie l'*Association intellectuelle;* Coissin, les *Neuf livres;* Senancour, dans son ouvrage de l'*Amour*, fait subir à la morale chrétienne une condamnation sévère, mais consciencieuse; et enfin, Charles Fourier met au jour, dans la *Théorie des quatre mouvements*, le système remarquable sur lequel nous appelons aujourd'hui l'attention de nos lecteurs. La plupart de ces hommes sont restés incompris. De plusieurs on a admiré le talent, puis on les a laissés là; les autres, stigmatisés du titre de rêveurs par le *positivisme* du siècle, ont à peine trouvé grâce auprès de quelques esprits éclairés, avides de nouveauté et d'invention. De ce nombre est M. Charles Fourier. Or, le jour est venu pour nous, disciples d'un homme qui vécut et mourut méconnu, si ce n'est de quelques-uns, d'appeler la lumière et la justice sur les écrits d'un homme dont les idées ont un rôle important à jouer dans l'œuvre que nous accomplissons aujourd'hui. Si nous ne nous sommes pas plus tôt occupés de M. Fourier, c'est que l'examen de ses ouvrages n'était jusqu'à ce jour ni utile ni possible pour nous. Avant de faire connaître, d'apprécier, de juger, de classer des hommes par rapport au mouvement qui s'accomplit aujourd'hui dans la société, nous avions nous-mêmes à nous faire connaître, à constater nettement, aux yeux de tous les partis, notre valeur politique, morale, religieuse ; à prendre un caractère, une attitude, un nom ; maintenant que cette tâche est suffisamment avancée, il nous sera permis d'appeler sur d'autres la publicité que nous avons eue à conquérir pour nous. — AD. GUÉROULT. »

S'il eût manqué quelque chose encore à la notoriété du saint-simonisme, elle eût été merveilleusement servie et complétée par les tracasseries officielles. Les visites domiciliaires, les appositions de scellés, les mandats de comparution, les contraintes fiscales, se multipliaient et se combinaient comme si leurs auteurs avaient voulu étendre le retentissement de la doctrine qu'ils poursuivaient avec tant de rigueur.

Ce retentissement devint tel, en effet, que le journal allemand le plus répandu en Europe, la *Gazette d'Ausgbourg*, crut devoir publier un article très-sérieux et très-impartial sur le caractère et l'avenir probable du saint-simonisme et des saint-simoniens; article dont il nous paraît utile, après trente-quatre ans, de citer quelques passages remarquables par la justesse des appréciations.

« Jusqu'ici on n'a pu adresser aucun reproche fondé aux efforts pratiques des saint-simoniens, disait le publiciste allemand, aux moyens qu'ils ont employés; seulement on est effrayé à l'aspect de leurs principes, de la grandeur et de l'originalite de leurs formes. Mais convenons-en, la position actuelle de la société et les orages par lesquels elle a passé depuis quarante ans, ne sont pas de si petite importance que des remèdes légers et bénins puissent y porter remède ; et comme on nous crie de tous côtés que la réalité actuelle est si radicalement mauvaise et si profondément corrompue, il faut apparemment que le remède soit quelque chose de grand et de nouveau. L'abolition de la propriété héréditaire, dont l'existence est regardée par les saint-simoniens comme l'obstacle principal à tout progrès ultérieur, comme la sanctification éternelle de l'égoïsme, paraît d'abord une idée monstrueuse, contraire à toutes les idées reçues et à tous les sentiments que l'éducation a implantés en nous. Cependant il ne faut pas concevoir la chose d'une manière si absolue. Les saint-simoniens ne dépouillent personne de sa propriété ; ils ont encore affaire aujourd'hui à des hommes pauvres, et ils ont organisé pour eux des maisons d'association et des services industriels où chacun est récompensé selon sa capacité et son travail, et où, suivant leurs principes, les avantages sociaux ne passent point après la mort aux descendants de celui qui les a possédés, mais à celui qui le remplace dans ses fonctions. Un autre principe devant lequel on recule au premier abord, est l'extirpation définitive du christianisme. A cette occasion j'avouerai que, suivant moi, le saint-simonisme n'est destiné à se constituer d'une manière stable que dans les pays où le christianisme a succombé sous les coups de l'incrédulité et du libre arbitre. Malheureusement chacun sait que c'est là le cas en France, et que la même disposition a jeté des racines profondes dans les classes éclairées et non éclairées de la population européenne. Mais, sous ce rapport encore, le saint-simonisme réveille plutôt qu'il ne les détruit les sentiments et les idées du christianisme, car les saint-simoniens sont pénétrés de la sublimité divine de la mission de Jésus-Christ, et j'ai vu plus de vingt jeunes Français qui, d'antagonistes moqueurs du christianisme, sont devenus, grâce à l'influence des saint-simoniens, des admirateurs profonds et sincères de cette noble religion. La nouvelle doctrine a également touché aux relations matrimoniales, qu'elle veut transformer complétement, et personne ne niera que sous ce rapport le monde actuel est une triste arène de vices, de mensonges et d'ignobles immoralités. Cependant je ne prononcerai pas de jugement sur cette partie de la doctrine saint-simonienne, parce qu'il me semble qu'elle en est encore maintenant au milieu de son premier développement. Qu'adviendra-t-il de tous ces commencements si grandioses? Jusqu'où sont-ils destinés à s'étendre? C'est ce que je ne sais pas. En tout cas, ils s'étendront aussi loin qu'il sera possible, et il me paraît que cette possibilité est très-grande. Que deviendra l'ordre social dans lequel nous vivons? C'est ce que je sais tout aussi peu. Seulement je crois qu'il se maintiendra encore pendant un temps, et qu'il n'empruntera immédiatement au saint-simonisme que quelques améliorations importantes; ce qui pourra donner à ce dernier une grande force morale et une position honorable vis-à-vis de l'état social qu'il prétend transformer. La politique surtout nous paraît devoir emprunter au saint-simonisme des avantages immenses. Depuis quarante ans, l'Europe est en proie aux révolutions et aux émeutes ; les peuples et les États sont divisés en partis ; les monarchies, grandes et petites, veulent devenir des États représentatifs, et ceux-ci aspirent à se changer en républiques : car, aux yeux de tous les publicistes éclairés, le système représentatif, système fondé sur la défiance et sur l'absence d'unité, a cessé d'être le *nec plus ultra* des conceptions politiques. Au milieu de ce mouvement de destruction, il est impossible de trouver une véritable halte, une solution réelle des problèmes sociaux ailleurs que dans la doctrine saint-simonienne, qui oppose à tous ces maux un remède radical, et qui déjà, comme il est facile de le voir dans le mouvement politique de Paris, a exercé une influence conciliatrice sur les hommes avancés des différents partis. Les saint-simoniens reconnaissent et admettent l'autorité, même celle qui aujourd'hui les persécute ; ceci est un fait, et tous les gouvernements devraient leur en savoir gré. Un autre fait non moins incontestable, c'est que les saint-simoniens agissent sur les esprits avec une puissance qu'on rencontre rarement dans le monde. Leur foi, leur confiance en l'avenir, leur dévouement, l'activité et l'amour dont ils sont pénétrés, méritent d'exciter l'admiration; et toutes ces qualités prouvent évidemment que leurs efforts se rattachent à quelque chose d'élevé et de profondément vrai. Une illusion, un produit de l'imagination ou du mensonge, n'auraient pas eu puissance de tenir ralliés, pendant deux mois, la dixième partie de pareils hommes. Et quand même leur école tomberait, quand même leur association se dissoudrait sous le poids des dissensions intérieures, quand même plusieurs de ses principaux membres seraient dominés par la vanité et le plaisir de régner, la vérité et la nouveauté de leurs idées n'en continueraient pas moins à porter leurs fruits, et même l'existence momentanée de cette noble association resterait dans l'histoire comme l'événement le plus remarquable des temps modernes; car, si le saint-simonisme est une illusion, c'est certainement l'illusion la plus sublime, la plus profonde et la plus puissante qui ait jamais apparu dans le monde. Du reste, j'avoue que jusqu'à présent je n'ai pas trouvé le moindre motif de suspecter la sincérité des intentions de ceux qui se sont placés à la tête de cette colossale entreprise. Ce que je serais plutôt disposé à craindre, c'est que ces hommes ne se confiassent trop à leurs propres forces et ne fussent un beau jour obligés de reconnaître qu'ils n'étaient pas à la hauteur de cette œuvre inouïe.

» Vous voyez qu'en somme, quoique je n'aie pas une petite opinion de la valeur et des progrès possibles de la doctrine saint-simonienne, je suis loin d'être moi-même saint-simonien ; il me semble même impossible que je puisse jamais le devenir. Mais cette apparition extraordinaire attire mon attention par un charme irrésistible ; et c'est avec enthousiasme que je vais poursuivre mes études sur ce système dont je suis curieux d'observer le résultat pratique. Si vous y consacrez, comme moi, le temps de vos loisirs, je vous préviens que vous avez à y faire un profit immense. Il faut plaindre ceux auxquels la vue de ce système n'inspirerait qu'une réprobation sèche et superficielle. Contemplez donc avec moi ce spectacle grandiose, et dispensez-moi de le juger jusqu'à ce nous ayons vu ses développements ultérieurs[1]. »

Ce spectacle grandiose qui frappait, à l'étranger, les esprits réfléchis, ne devait pas échapper aux fortes intelligences et aux cœurs généreux qui s'étaient éloignés un instant du foyer doctrinal, à la suite de Bazard. Peu de jours après la protesta-

1. Cette correspondance a été attribuée à Henri Heine.

tion de Rodrigues, Henri Fournel adressa la lettre suivante à Enfantin :

« Père Enfantin,

» C'est publiquement que j'ai *renié* votre paternité et protesté contre votre autorité, c'est publiquement aussi que je dois déclarer que je suis complétement à vous. Vous savez quelle est *dans ma bouche* la valeur de cette simple parole. Mes preuves sont faites, elles sont irrécusables pour les plus fiers protestants ; ici je leur demande de mettre leur vie saint-simonienne à côté de la mienne.

» L'instant n'est pas venu, mais il viendra prochainement (du moins je le crois ainsi), *où toutes choses seront dites !* où je pourrai exposer à mes frères, à mes fils, toutes les douleurs que j'ai traversées pour passer des *qualifications les plus âpres, les plus injurieuses,* A LA FOI LA PLUS ABSOLUE, conquise après trois mois de méditations et d'isolement de toute hiérarchie.

» On a prétendu que j'avais raisonné à la manière d'Euclide, et que j'avais dit : « La foi saint-simonienne est avec le Père BAZARD ou avec le Père ENFANTIN; elle n'est pas avec le Père BAZARD, donc elle est avec le Père ENFANTIN ; » cette argumentation a en effet une grande valeur à mes yeux, mais je ne l'ai pas employée seule. On dit bien vrai en affirmant que la foi saint-simonienne n'est point avec le Père Bazard ; mais ceux qui m'ont prêté ce raisonnement exclusif devraient savoir que je ne suis pas seulement un calculateur d'idées, ils auraient dû admettre que ce n'était pas *seulement* par des *arguments* que j'avais été entraîné à reconnaître VOTRE SUPÉRIORITÉ. »

» Père Enfantin, disposez de moi.

» Votre fils, Henri FOURNEL. »

Cette lettre fut publiée dans le *Globe* et accompagnée de la pièce suivante :

Aux saint-simoniens.

« Notre père suprême *Enfantin* me charge de vous dire la joie que lui a fait éprouver le retour, dans la famille, de *Henri Fournel*, l'un de ceux qui, en novembre, avaient protesté contre son autorité. Mardi dernier, *Fournel* a renouvelé son acte de foi et a reçu le baiser paternel en présence de nous tous, qui, depuis longtemps, attendions son retour ; car, dans la phase actuelle, où notre *Père suprême* a besoin d'être entouré d'hommes de *cœur*, celui-là avait sa place marquée, qui, le premier, avec sa femme, alors que notre organisation financière n'était pas constituée, celui qui était spontanément venu remettre aux mains des chefs de notre hiérarchie d'alors sa fortune et sa fille. Aujourd'hui que notre œuvre réclame des hommes d'*exécution*, celui qui avait dirigé les plus grands ateliers que la France possède ne pouvait rester en dehors de nous. Réjouissez-vous avec notre Père suprême *Enfantin*, dont Fournel est un des fils les plus chers ; avec moi qui jadis fus un moment lié avec lui pour une grande entreprise industrielle, et qui, de nouveau, l'ai pour associé, aujourd'hui qu'il s'agit de la réalisation des vastes plans industriels dont j'ai tracé l'esquisse ; avec nous tous dont la foi a reçu de la sienne une nouvelle impulsion. Réjouissez-vous, en hommes religieux dont la joie redouble l'activité et l'enthousiasme.

» MICHEL CHEVALIER. »

Fournel avait été chargé, sous Bazard-Enfantin, de la direction de l'enseignement des ouvriers. En son absence, l'organisation primitive des industriels avait fait place à une constitution nouvelle, et, à sa rentrée, le degré des industriels était distribué en sections, comme suit :

DEGRÉ DES INDUSTRIELS. — INSTRUCTION POUR LA PROPAGATION.

Établissement des sections.

« Quatre centres de propagation de la religion

saint-simonienne, parmi les industriels, sont établis dans Paris.

Limite des centres ou sections.

» La première section est comprise dans les limites suivantes :

» La Seine, depuis la barrière des Bons-Hommes jusqu'au Louvre, le Louvre, la rue du Coq, la rue Croix-des-Petits-Champs, la place des Victoires, la rue Notre-Dame-des-Victoires, l'extrémité de la rue Montmartre, les boulevards jusqu'à la porte Saint-Denis, la rue du Faubourg-Saint-Denis (le tout inclusivement), les murs extérieurs, depuis la barrière Saint-Denis jusqu'à la barrière des Bons-Hommes.

» Passy, Neuilly, les Ternes, les Batignolles, Montmartre sont compris dans cette section.

» La seconde section est comprise dans les limites suivantes :

» Les boulevards, depuis la porte Saint-Denis jusqu'à la Seine, en passant par la Bastille et l'Arsenal inclusivement ; la Seine jusqu'à la barrière de la Rapée, les murs extérieurs jusqu'à la barrière Saint-Denis, la rue du Faubourg-Saint-Denis jusqu'à la porte Saint-Denis exclusivement.

» La troisième section est comprise dans les limites suivantes :

» Les boulevards, depuis la rue Montmartre jusqu'à la Seine, par les portes Saint-Denis, Saint-Martin et la place Saint-Antoine; la Seine, depuis la gare de l'Arsenal jusqu'au Louvre, y compris toutes les îles ; le Louvre, la rue Croix-des-Petits-Champs, la place des Victoires, la rue Notre-Dame-des-Victoires, l'extrémité de la rue Montmartre jusqu'aux boulevards, le tout exclusivement.

» La quatrième section se compose de toute la partie de Paris située sur la rive gauche de la Seine. Elle comprend aussi Grenelle, Montrouge, etc.

Personnel de direction.

» Stéphane Flachat, ingénieur civil, chef de fonction.

» Holstein, négociant, sous-chef de fonction, administrateur.

» La direction et l'administration du degré des industriels est rue Monsigny, n° 6.

» Stéphane Flachat reçoit tous les lundis, mercredis et vendredis, de trois heures à six heures.

» Holstein reçoit les mêmes jours, de onze à cinq heures.

» Botiau, chargé de la comptabilité du degré des industriels, reçoit tous les jours, à son bureau, de onze à six heures, rue Monsigny, n° 6.

» Prévost et Dugelay, directeurs de la maison d'association de la rue Popincourt, n° 70, sont chargés de la fondation de toutes les autres maisons, sous les ordres directs des chefs de fonction.

PERSONNEL DE PROPAGATION.

Première section.

» Rigaud, médecin, directeur. Franconie, avocat, sous-directeur. Galle, commis-marchand, idem. Biart, professeur de langues, idem. Bernard, cordonnier, idem. Le centre de cette section est rue du Rocher, n° 6. Rigaud recevra tous les lundis, mercredis et vendredis, de sept heures à dix heures du matin, rue Monsigny, n° 6.

Deuxième section.

» Haspot, forgeron, directeur. Raimond Bonheur, artiste peintre, co-directeur. Clouet, tailleur, idem. Gallois, marchand tapissier, sous-directeur. Boisy, ouvrier ébéniste, idem. Le centre de cette section est rue Contrescarpe-Saint-Antoine, n° 70.

Troisième section.

» Lesbazeilles, médecin, directeur. Gautier, professeur, sous-directeur. Reboul, négociant, idem. Vinçard, fabricant de mesures, idem. Fritz-Herrenschneider, idem. Mazelin, imprimeur, idem. Le centre de cette section est place de l'Hôtel-de-Ville, n° 7.

Quatrième section.

» Hippolyte Pennekère, commis-marchand, directeur. Charles Pennekère, garçon de caisse, sous-directeur. Constant Pennekère, imprimeur, idem. Bergier, ancien militaire, carreleur, idem. Le centre de cette section est place Sorbonne, au coin de la rue de Cluny.

Réception aux centres de section.

» Depuis cinq heures du matin jusqu'à dix heures du soir, tous les jours, excepté le dimanche, à compter de onze heures, on trouvera un des directeurs ou sous-directeurs de section, aux centres de section indiqués ci-dessus. »

HIÉRARCHIE DU DEGRÉ DES INDUSTRIELS.

» Le degré des industriels se divise en *visiteurs*, *aspirants*, fonctionnaires.

» La première entrée dans les séances du degré des industriels s'établit au moyen de *laissez-passer*, qui doivent être remis à la porte, par les porteurs, aux personnes qui font le service de l'entrée dans les salles.

» Tous les membres de la hiérarchie saint-simonienne peuvent délivrer des laissez-passer; à cet effet, ils devront s'adresser à l'administration, où il leur sera délivré des laissez-passer imprimés. L'adresse du porteur devra toujours y être indiquée.

» La carte de visiteur est remise aux personnes qui, après avoir assisté plusieurs fois aux réunions du degré des industriels au moyen du laissez-passer, témoignent le désir de continuer à suivre ces réunions.

» Les cartes de visiteurs sont remises par les directeurs ou sous-directeurs de sections.

» On devient aspirant saint-simonien lorsque, après avoir suivi les enseignements pendant un temps plus ou moins long, à titre de visiteur, on a donné assez de preuves de transformation et de moralité saint-simonienne pour être rapproché de la famille.

» L'aspirant n'est donc pas membre de la famille saint-simonienne; il est en noviciat pour y être admis et classé.

» Les cartes d'aspirant sont remises par les directeurs de section, après rapport aux chefs de fonction.

» On est fonctionnaire saint-simonien quand on a été reconnu digne de prendre part à l'œuvre d'apostolat, soit intérieurement, soit extérieurement, après un noviciat plus ou moins long.

» Le fonctionnaire est membre de la famille saint-simonienne.

» Le fonctionnaire industriel saint-simonien, travaillant dans les ateliers non saint-simoniens, est porteur d'un diplôme délivré par les chefs de fonction.

» Il est, de plus, porteur d'une carte pour faciliter son entrée dans toutes les réunions de la famille.

» Les cartes et diplômes des fonctionnaires industriels saint-simoniens sont délivrés par les chefs de fonction, rue Monsigny, n° 6.

» STÉPHANE FLACHAT, *chef de fonction*.

» HOLSTEIN, *administrateur*. »

Cette organisation ne put pas fonctionner longtemps en toute liberté. La persécution qui avait interrompu d'abord la prédication et les enseignements de la salle Taitbout et de l'hôtel de la rue Monsigny, atteignit et enchaîna bientôt la propagation dans tous les lieux où la parole saint-simonienne se faisait entendre. Alors (29 mars 1832) Enfantin fit insérer, dans *le Globe*, sous la forme d'une lettre à Michel Chevalier, cette noble et hardie protestation contre les poursuites dont sa personne, ses idées et ses disciples étaient l'objet :

« Michel,

» J'ai dit à mes enfants :

» J'aime à voir le monde saisi de notre MORALITÉ et prétendre la juger; car MOI aussi je prétends juger la moralité humaine; et si j'entends chaque jour résonner autour de nous ces mots : *promiscuité*, *communauté des femmes*, je veux savoir d'où ils partent et quels sont leurs échos.

» Depuis plus de deux mois, une fatigante *instruction* se prolonge, les salles où se faisait entendre notre parole sont fermées; on visite nos livres, et l'on s'immisce dans nos affaires avec une inquisitoriale curiosité; le fisc nous chicane et la police nous gêne. Et cependant ils ne savent point encore s'ils *nous mettront en accusation*, eux qui ont lancé contre nous un *réquisitoire* dans lequel j'ai lu, je crois, ces mots : *Révolte, immoralité, captation, escroquerie.*

» Leur lenteur nous pèse, elle retarde le PROGRÈS DU PEUPLE ; elle est donc contraire à la VOLONTÉ DE DIEU. Nous ne devons pas permettre à des hommes de ralentir à leur gré le cours de notre vie : crime ou vertu, la chose est SACRÉE; le PEUPLE doit la voir et l'entendre.

» Depuis cinq ans j'ai donné à de nombreux enfants mon *sang* et ma *chair*, ma VIE ; plusieurs, rassasiés ou enivrés de ma *chair* ou de mon *sang*, m'ont abandonné et me répandent goutte à goutte ou me jettent par lambeaux sur le *monde;* je ne leur en ai point donné mission, et pourtant je leur rends grâce : car je vis dans le MONDE comme je vis en MOI, ils me font connaître à la MOITIÉ DE MOI-MÊME.

» Je leur rends grâce et je les attends, ils reviendront vers celui qui leur a donné la VIE, et qui, à leur insu, aujourd'hui encore les fait VIVRE.

» Mais il est des hommes qui n'ont jamais balbutié mon nom qu'en bégayant des injures; il me tarde de leur enseigner un autre langage : ils ont institué parmi eux des *accusateurs* et des *juges;* eh bien ! je veux voir ces juges et ces accusateurs ; je veux que l'arrêt, qui sortira de leur bouche, commande le respect, ou du moins le silence et l'attente.

» Michel,

» Tu me les feras connaître : j'ai besoin de savoir devant qui je paraîtrai, par qui je serai accusé, par qui je serai jugé. Accusateurs, juges et jurés, je veux savoir leur VIE, comme ils sauront la nôtre. Je te confie cette tâche, je te la confie *publiquement*, afin que ceux qui veulent que la pensée ne soit point enchaînée et la parole bâillonnée, apprennent comment il est une *police* DIVINE qui s'avoue et se dévoile au grand jour, parce qu'elle a mission de veiller aux destinées du PEUPLE.

» Le temps est venu où nos PERSONNES, et non plus seulement nos *écrits* et notre *parole*, doivent être livrées au monde, et il faut que nous le saisissions nous-mêmes, ce MONDE, comme il nous saisira, au corps ; il veut nous arrêter, nous le ferons marcher, il veut nous étouffer, nous l'embrasserons ; il veut nous crucifier, nous lui donnerons la vie. Dieu ne destine plus ses apôtres au martyre, car son Verbe n'a plus d'anathèmes ; les docteurs de la vieille loi ne sont plus des *sépulcres blanchis* et des *juges pervers* livrés à la réprobation éternelle, mais ils ont besoin de *voir* et de *toucher*, afin d'AIMER. — ENFANTIN. »

XIX

(1832)

(Avril.)

Paris venait d'être envahi par une cruelle épidémie. Se précautionner contre ce fléau était la préoccupation exclusive du moment. Tout le monde se mettait à la recherche des spécifiques. —Les saint-simoniens, calmes et confiants, au milieu de la panique universelle, appelèrent l'attention publique sur les causes du mal et sur les moyens de le prévenir; ils insérèrent ce qui suit dans *le Globe* du 2 avril :

LE CHOLÉRA A PARIS.

« Cette apparition si rapide, si inattendue du fléau, est de nature à frapper vivement l'imagination du peuple de Paris. Qu'on n'oublie pas que l'hygiène de cette ville est très-inférieure à celle de Londres, et que les ravages du choléra y doivent être certainement plus grands que dans cette dernière cité, où d'ailleurs il a été presque inoffensif. Londres n'offre rien d'aussi malsain, d'aussi misérable qu'une partie des quartiers qui avoisinent la Seine.

» Toutefois, s'il est vrai que l'état hygiénique de Paris soit une cause de progrès pour le mal, il faut se rappeler aussi que nul peuple n'est plus susceptible d'enthousiasme, de gaieté, de courage, que le peuple de Paris lorsque une haute pensée l'anime. Qu'un grand but soit assigné à son activité, qu'il soit appelé à de vastes travaux ; qu'il sente chez ceux qui le gouvernent de la fermeté, de l'énergie, une volonté inébranlable d'améliorer son sort; qu'un vaste programme d'entreprises utiles, fécondes, lui soit déroulé, et on ne le verra plus sur les places, morne, silencieux, se demander d'où vient le choléra, quelle main lui envoie ce fléau si imprévu, et quelle main sera assez puissante pour l'arrêter. Ce peuple qui s'enivrait à l'odeur de la poudre, que le sifflement des balles soulevait il y a dix-huit mois tout frémissant d'ardeur, et qui aujourd'hui tremble même devant un danger dont il ignore la nature et la cause; ce peuple qui aime les grandes choses, ce peuple si artiste et si brave, donnez-lui, donnez-lui une grande œuvre à faire, et vous le verrez devant le choléra ce qu'il fut devant les balles des Suisses, ce que la légion parisienne, cette légion des *petits hommes* pâles et maigres, fut à la promenade de l'Atlas et de Blidah; vous le verrez héroïque et dévoué, bravant le péril gaiement et de sang-froid, accomplissant la tâche qui lui aura été donnée avec une incroyable activité, et une indifférence non moins incroyable de ce fléau que grossissent à ses yeux les moyens mêmes que l'on emploie pour le combattre.

» De tant d'instructions médicales qui sont répandues, affichées de toutes parts, sur les moyens de se préserver du choléra, que peut conclure le peuple en effet, si ce n'est que les riches seuls peuvent employer ces moyens que la misère lui interdit. De cet ordre du jour du ministre de la guerre faisant distribuer aux troupes en garnison à Paris des rations plus abondantes et des vêtements plus chauds, que peut conclure le peuple, si ce n'est qu'une nourriture plus saine et de meilleurs vêtements sont nécessaires contre le fléau qui pèse sur lui; et quels moyens lui offre-t-on de s'acheter des vêtements et de se procurer plus de nourriture?

» Et ce n'est pas l'aumône qu'ici je demande pour le peuple.

» Je le répète, ce qu'il faut aujourd'hui au peuple ce sont de grands travaux qui puissent à la fois fortement agir sur son imagination, satisfaire son amour du grand, son désir du beau, et calmer en même temps sa misère. La France et Paris doivent aujourd'hui un grand exemple au monde et une magnifique réponse à l'Asie. Que l'Inde apprenne de nous comment se combat le fléau qui pèse sur elle si impitoyable, et qu'elle nous a envoyé; qu'elle apprenne que pour en préserver le peuple de la première ville d'Europe, on l'a appelé à réaliser de superbes travaux; et le jour où l'Inde saura comment a fait la France ne sera pas loin du jour où l'Inde voudra l'imiter.

» Or, ces projets, d'une incontestable utilité, dont l'exécution même est une puissante garantie contre le fléau, et dont la nature est telle qu'ils puissent fortement agir sur l'esprit du peuple de Paris, ces projets existent depuis longtemps, ils ont été l'objet de longues études; pour les exécuter aujourd'hui, il ne s'agit plus que de vouloir.

EAUX DE PARIS.

» En première ligne est ce projet d'une distribution générale d'eau dans Paris, sur lequel nous avons déjà donné dans *le Globe* des renseignements étendus.

» De l'eau pour le peuple de Paris! de l'eau sur les places, dans les rues, les maisons, à tous les étages; des fontaines jaillissant de tous côtés, et répandant dans l'atmosphère une salutaire fraîcheur! De vastes bains non-seulement pour les riches, mais pour le peuple! des bains gratuits où il puisse venir se reposer de son travail, et retremper ses membres alourdis par la fatigue, inondés par la sueur! Voilà le meilleur, le plus beau, le plus sûr de tous les préservatifs contre une épidémie, fût-elle dix fois plus active, plus redoutable, que ne peut l'être le choléra.

» L'exécution de ce projet permettrait aussi de doter la ville d'un système général d'égouts. La pose des tuyaux conducteurs de l'eau à distribuer nécessite, dans toutes les rues, des travaux de terrassement qu'il est tout naturel et très-économique de combiner avec les travaux et les terrassements nécessaires pour l'établissement des égouts. Cette seconde entreprise est d'ailleurs la conséquence immédiate de la première. Jeter à la surface de la ville une grande abondance d'eau fraîche et pure pour tous les besoins de l'hygiène et de la consommation, et, immédiatement après l'usage, absorber cette eau dans des voies souterraines qui l'entraînent hors de l'influence si rapidement désorganisatrice de la chaleur et de l'atmosphère, tel doit être, pour être complet, le système de distribution d'eau dans une ville.

» Des propositions très-avantageuses ont été faites à la ville de Paris pour l'exécution simultanée des deux entreprises. Si la Ville ne se croit pas capable d'exécuter rapidemment, et par elle-même, ces deux projets, si elle pense devoir en confier l'exécution à une compagnie (et malgré tout ce que ce système offre d'imparfait, c'est encore celui qui devrait aujourd'hui obtenir la préférence), qu'elle se hâte donc de mettre un terme à des difficultés véritablement misérables dont on a surchargé jusqu'ici les négociations avec les compagnies.

RUE DU LOUVRE A LA BASTILLE.

» Ce vaste percement à travers les quartiers les plus malsains, les rues les plus étroites, les maisons les plus mal bâties de Paris, est depuis longtemps projeté. Les plans en furent soumis à l'Empereur, la campagne de Russie empêcha de les mettre à exécution.

» Cette magnifique rue, parallèle à la Seine, ouvrirait un débouché qui tous les jours devient plus nécessaire pour la circulation si active de ces quartiers; elle y jetterait de l'air et de la lumière; elle passerait à peu de distance de cette rue de la Mortellerie, qui a fourni au choléra ses premières et ses plus nombreuses victimes.

» L'imperfection notable, patente, de la loi actuelle d'expropriation a depuis la Restauration empêché l'exécution de cette entreprise. La ville de Paris toutes les fois qu'elle a essayé des travaux de cette nature a subi de la part des tribunaux une application exorbitante de cette loi; l'intérêt de la propriété l'a si étrangement emporté sur l'intérêt public, dans l'esprit de juges complétement en dehors du mouvement et des besoins de la société, par l'abstraction constante où les jette la loi morte et les cinq codes, que la Ville doit reculer épouvantée devant tout projet important d'élargissement ou de percement de rues. L'élargissement du boulevard Saint-Martin, si longtemps empêché par un seul propriétaire qui, après avoir obtenu jugement contre la Ville, célébra sa victoire par une large inscription dont il entoura les vieux murs de sa maison, atteste les difficultés que dans l'état actuel des choses rencontrent des entreprises de la nature de celle que nous signalons ici.

» Mais si au lieu de chercher à *exproprier* les propriétaires, la Ville cherchait à les *associer*, et savait leur montrer l'immense intérêt que tous auraient à l'exécution de l'entreprise; toutes difficultés seraient levées, ou du moins les cas d'expropriation seraient tellement réduits, que rien ne s'opposerait plus à la réalisation de ce projet, l'un des plus utiles, sans aucun doute, qui puissent être conçus dans l'intérêt de la population parisienne.

» Nous ferons connaître très-prochainement nos vues sur les moyens d'opérer une association entre les propriétaires intéressés à cette grande entreprise.

ASSAINISSEMENT DES QUARTIERS AVOISINANT LA SEINE.

» Les quartiers qui avoisinent la rivière ne peuvent être assainis que par la destruction de la presque totalité des maisons dont se composent la Cité, les quais et toutes les petites rues adjacentes. Mais, pour opérer ce changement, il faudrait que la Ville prît enfin la résolution de ne plus permettre de stationnement de bateaux sur la rivière, et d'ordonner que le stationnement, et par conséquent toute la manutention des marchandises, eût lieu sur le canal Saint-Martin, au bassin de la Villette, à la gare de Grenelle, à Bercy, à la gare Saint-Ouen , en un mot, sur les ports nouvellement construits dans ou hors de Paris. Si cette mesure était prise enfin, toute la population des ports, cette population la plus pauvre, la plus faible de Paris, serait conduite à chercher de nouvelles habitations, et une bonne partie même quitterait l'intérieur de la ville pour aller habiter la banlieue, où elle trouverait, pour le même prix que celui qu'elle paie aujourd'hui, des logements plus sains et mieux aérés. Cette détermination prise par l'autorité municipale permettrait d'ailleurs d'enceindre entièrement la rivière de quais, et de supprimer les ports qui sont tous aussi malsains qu'incommodes. La rivière alors, dans l'intérieur de Paris, serait complétement dégagée de tout encombrement de bateaux ; on pourrait songer enfin à en embellir les bords, ainsi que les essais faits autour des bains Vigier attestent qu'on peut le faire, et les quais deviendraient la promenade la plus saine et la plus agréable de Paris. »

Ainsi, les utopistes que l'on croyait perdus dans les nuages du mysticisme traçaient dès lors le plan des améliorations matérielles qui devaient faire de Paris une ville nouvelle, et y remplacer les rues étroites et obscures, les impasses et les carrefours infects, gîtes séculaires des miasmes pestilentiels, par de larges voies, de belles avenues et des squares entourés d'habitations bien pourvues d'air et de soleil et parfaitement salubres. Aussi, ces rêveurs incompris par un libéralisme irréfléchi et persécutés par un pouvoir aveugle, étaient-ils parvenus à attirer vers eux l'élite des esprits, essentiellement positifs, que les fortes études de l'École polytechnique avaient formés. Une série de lettres, adressées à Enfantin, à Michel Chevalier, à Isaac Péreire, etc., attestent cette sympathie particulière et significative des jeunes et savants ingénieurs de cette époque pour les idées saint-simoniennes.

« Je pars aujourd'hui avec Baudin et Malinvaud, disait l'un de ces hommes d'élite à Michel Chevalier

(7 avril 1832), pour faire une petite excursion au Havre et en Normandie ; je vous serais donc bien obligé si vous vouliez avoir la complaisance de dire un mot pour que ma nourriture quotidienne, le *Globe*, me soit envoyé au Havre, à partir de demain. Vous devez bien penser que nous ne manquerons pas de prêcher partout, suivant notre foi. — Malinvaud et Baudin prolongeront la tournée en Bretagne ; si vous avez besoin de nous, écrivez-nous, nous vous rendrons tous les services qui pourront dépendre de nous. — Votre dévoué camarade, LE PLAY. »

Un autre ingénieur, qui a *conquis un rang élevé* dans les œuvres de la science pratique, écrivait, peu auparavant, au directeur du *Globe :*

« La route du progrès, qui doit conduire la France à une paix stable et à une prospérité toujours croissante, cette route que les journaux de tous les partis ont la prétention d'indiquer à l'opinion publique, vous seuls, à mes yeux, l'avez clairement découverte, nettement décrite, et courageusement signalée à tous les cœurs généreux et à tous les esprits clairvoyants.

» Mon dévouement et mon concours, de quelque peu d'importance qu'ils soient, sont acquis pour toujours à votre doctrine.

» Veuillez me rappeler au souvenir du père Enfantin que j'ai eu le plaisir de connaître autrefois, et qui, j'ose l'espérer, ne m'a pas encore complétement oublié au milieu des nombreux fils qui l'entourent; veuillez aussi faire mes amitiés au père Lambert, mon ancien camarade d'école. — Je suis, avec une haute considération et un sincère attachement, votre dévoué serviteur. — AD. JULLIEN. »

Nous empruntons à une collection, qui est l'œuvre d'Enfantin lui-même, la liste, par ordre alphabétique, des anciens élèves de l'École polytechnique qui correspondirent alors avec le directeur du *Globe*, ou avec d'autres membres de la société saint-simonienne, y compris le chef suprême. Voici cette liste :

MM. Allou, ingénieur des mines. — Arrault, élève des mines, deux lettres. — Avril, ingénieur des ponts et chaussées, deux lettres. — Bardin, à Metz. — Baude, ingénieur des ponts et chaussées. — Baudry, *id.* — Beausire, capitaine d'artillerie. — Bigot, *id.*, trois lettres. — Bineau, ingénieur des mines, deux lettres. — Bonamy, à Cahors, deux lettres. — Bonnet, à Champmozon, par Plombières. — Bonnet, élève ingénieur. — Boucaumon, ancien élève de l'École polytechnique. — Boulanger, ingénieur à Roanne. — Paul de Boureulle, à Besançon, deux lettres. — Burdin, ingénieur à Clermont. — Cantonnet, *id.* — Capella, ingénieur des ponts et chaussées. — Chaput, dessinateur aux ponts et chaussées. — Collet, capitaine d'artillerie. — Collignon, ingénieur des ponts et chaussées. — Comos, ingénieur. — Corrèze, lieutenant-colonel du génie, six lettres. — Costes, ingénieur. — Cotte (de la), chef d'escadron. — Couranes, ingénieur des ponts et chaussées. — Latil-Desroches, ingénieur, deux lettres. — Dessin, major du génie. — Devoluet, à Metz, quatre lettres. — Didion, ingénieur, deux lettres. — Drouot, *id.*, quatre lettres. — Duprey, *id.* — Ferdinand Durand, officier de cavalerie, deux lettres[1]. — Emy, ancien élève de l'École poly-

1. La collection d'Enfantin renferme deux lettres de M. Durand, l'une adressée à Enfantin lui-même, l'autre à Michel Chevalier. La seconde annonçait que le soldat était résolu à se consacrer tout entier à l'apostolat. Voici en quels termes sa résolution était exprimée :

« Mon cher Père,

» Votre lettre m'a rempli de joie, vous me jugez digne de marcher près de vous à la conquête pacifique du monde, de recevoir, pour la répandre ensuite, l'inspiration de notre Père. Votre lettre m'a grandi. Oui! je me sens digne de travailler à la grande œuvre, et de ce jour je quitte avec bonheur une route honorable et sûre pour vous suivre dans celle que vous me présentez comme pleine d'aspérités. Le brillant habit militaire plaisait à mon imagination, je me sentais fier de le porter, car sur cet habit est écrit : Gloire! dévouement! Mais combien celui que vous m'offrez sera plus brillant! Cette boue dont on le couvre au-

technique. — Faveaux, ingénieur. — Forestier, élève de l'École polytechnique. — Fourier, ingénieur des ponts et chaussées, à Angers. — Gillotin, *id.*, à Rennes. — Gouguet, officier d'artillerie, à Metz[1]. — Haillot, capitaine d'artillerie, à Strasbourg. — Hallotte, à Arras. — Hoches, ingénieur en chef des ponts et chaussées, à Grenoble. — Job, ingénieur, trois lettres. — Jullien, *id.* — Lacaves, *id.* — Lacordaire, *id.* — Laignière, *id.* — Lamoricière, officier à l'armée d'Afrique, deux lettres. — Laurent, chef d'atelier dans les Vosges.

jourd'hui, ces outrages dont on veut le salir, se changeront bientôt en une étincelante auréole; ces rires moqueurs dont on le salue se transformeront en de respectueuses acclamations, en actions de grâces. Que sont auprès d'un tel avenir les privations dont vous me parlez? Le célibat, compagnon de l'apostolat, je l'accepte. Ce Pain, sans lendemain assuré, je le mangerai comme un mets délicieux, car, sur la table qui le reçoit, Dieu a gravé en lettres d'or : Bonheur de l'humanité.

» Cher Père, je vous porterai ma démission dans quelques jours, afin qu'elle soit remise par notre Père Suprême au ministre de la guerre.

» FERDINAND DURAND, officier au 9e régiment de cuirassiers. »

1. M. Gouguet donna sa démission en ces termes :

« Monsieur le maréchal,

» Depuis plusieurs mois, j'ai voué mon existence à la propagation de la religion saint-simonienne. Jusqu'à ce jour, mes occupations militaires m'avaient permis de remplir mes devoirs de saint-simonien. Aujourd'hui, appelé par le Père Suprême de notre religion, il m'est impossible d'exercer plus longtemps une fonction dans l'armée. Je vous prie d'accepter ma démission. »

— Le Basteur, officier d'artillerie. — Lecoq, ancien élève de l'École polytechnique, à Cognac. — Lefranc, capitaine d'artillerie, à Alger. — Lemaire, ingénieur. — Lemoyne, *id.*, deux lettres. — Lenglier, ingénieur des ponts et chaussées. — Le Play, ingénieur des mines. — Lévesque, ingénieur de marine. — Magdeleine, ingénieur en chef, deux lettres. — Malaure, ingénieur des ponts et chaussées. — Manès, ingénieur des mines, deux lettres. — Masquelez, ingénieur des ponts et chaussées. — Marquis, élève de l'École polytechnique. — Maulbon d'Arboumont, ingénieur en chef. — Meyssas, ingénieur. — Menu de Ménil, élève de l'École polytechnique. — Moneuze, ingénieur des ponts et chaussées, à Bar-le-Duc. — Marcel Mounier, élève de l'École polytechnique. — Montrond, ingénieur à Valence. — Montrecy Maréchal, ingénieur à Cosnes, deux lettres. — Parandier, *id.*, à Besançon, deux lettres. — Perrier, capitaine du génie, deux lettres. — Pleurre (de), ancien élève de l'École polytechnique, deux lettres. — Poirel, *id.* — Régi, ingénieur à Bordeaux. — Renaud, officier d'artillerie. — Regnard, ingénieur des ponts et chaussées. — Robin, *id.*, deux lettres. — Rougane, *id.*, deux lettres. — Sagey, ingénieur des mines. — Sebille, élève de l'École polytechnique. — Sertous, capitaine du génie. — L. Talabot, deux lettres. — Paulin Talabot, ingénieur, deux lettres. — Tallard, ancien élève de l'École polytechnique. — Tourneux, officier d'artillerie, douze lettres [1]. — Toulongeon, *id.*, à Marseille. — Vaneuhout, capitaine du génie, à Saint-Omer. — Varin, ingénieur des mines, deux lettres. — Vauquelin, ingénieur des ponts et chaussées, deux lettres. — Vauxonne, à Villefranche. — Vinard, ancien élève de l'École polytechnique, à Montbard. — Voltz, *id.*, à Strasbourg. — West, officier du génie, à Perpignan.

Ces hommes voués à l'application de la science, aux entreprises industrielles ou au métier des armes; ces ingénieurs des mines, des ponts et chaussées et de la marine, ces officiers du génie ou de l'artillerie, ne professaient pas tous sans doute éga-

1. L'exemple d'Hoart et de Bruneau fut également suivi par Tourneux, officier d'artillerie à l'école d'application de Metz, et l'un des plus zélés apôtres de la foi nouvelle. Il adressa, en avril 1832, la lettre suivante à M. le ministre de la guerre :

« Monsieur le maréchal,

» Jusqu'ici, les devoirs de ma profession n'avaient pas été incompatibles avec les travaux de l'apostolat saint-simonien, auquel je me suis voué désormais.

» Aujourd'hui, ce ne sont plus seulement quelques instants *épars*, quelques efforts *incomplets*, c'est MA VIE TOUT ENTIÈRE que l'humanité réclame par la voix de mes pères; je lui obéis.

» Je vous prie d'accepter ma démission.— FÉLIX TOURNEUX. »

lement une foi pleine et entière pour les idées de Saint-Simon et d'Enfantin, mais ils éprouvaient tous, pour elles, une sympathie plus ou moins vive, mêlée d'une grande estime et d'une sincère admiration. Beaucoup faisaient des réserves sur la question religieuse et bornaient leur assentiment à la politique nouvelle du *Globe*, à ses vues économiques et financières, à ses théories sociales sur la conciliation indispensable de l'autorité et de la liberté ; d'autres suivaient avec confiance et sans restriction le mouvement saint-simonien, quoi qu'ils restassent en dehors de la hiérarchie. Quelques extraits de lettres, venues de l'un de ces adhérents bien résolus, donneront une idée de l'importance que peut avoir la publication de cette curieuse correspondance :

« A Michel Chevalier,

» La lecture de vos admirables articles sur la politique générale m'a rappelé ce que j'écrivais à l'empereur Napoléon, en décembre 1813. Voici la réponse du duc de Feltre à cet égard :

« Sa Majesté l'Empereur m'a envoyé, mon-
» sieur, l'examen du Mémoire que vous venez de
» lui adresser au sujet de divers perfectionnements
» que vous proposez sur plusieurs parties de l'art
» de la guerre.

» Les circonstances ne permettent pas de s'oc-
» cuper des épreuves et expériences qui seraient
» nécessaires pour s'assurer de leur utilité ; mais
» votre Mémoire sera conservé pour y avoir recours
» dans l'occasion. La pureté de vos motifs fera
» toujours considérer votre travail avec intérêt. »

« La guerre n'a jamais été à mes yeux qu'un moyen de civilisation, et le titre de ce Mémoire, *quelques perfectionnements à apporter à la construction des bouches à feu,* n'était qu'un passeport. J'y supposais l'empereur n'aspirant à la conquête du monde que pour empêcher les peuples de s'entr'égorger. Aussi m'écriai-je d'un élan prophétique : *Paris doit être un jour la capitale du monde !* Pour arriver promptement à cette association générale, j'introduisais l'instruction dans l'armée, transformant l'officier en professeur et ingénieur, et le soldat en élève et ouvrier. Imitant les Romains qui ont laissé partout des traces de leur passage, j'employais l'armée à la construction des voies de communication, au desséchement des marais, au défrichement, etc., et, parce que les chemins en fer et les machines à vapeur que j'appliquais dès lors au mouvement des voitures et des vaisseaux rapprochent les distances, facilitent l'administration d'un grand empire et les découvertes géographiques ; je relevais cette maxime de Montesquieu : *qu'un grand empire ne saurait subsister longtemps*, maxime aujourd'hui reconnue fausse.

» Après l'accusé de réception, je détruisis le manuscrit, en en informant Sa Majesté, afin qu'elle n'eût point à s'offenser des remontrances sévères et des idées que je suggérais ; et je le lui adressai, en conscience, sous triple enveloppe, pour qu'elle le lût la première, et que mes idées ne tournassent point, par trahison, contre nous. Les perfectionnements apportés de nos jours à la construction des bouches à feu me font craindre que ce Mémoire ne soit resté aux mains infidèles de quelque bureaucrate, et qu'on ne s'en serve, en désespoir de cause, pour vous accuser d'y avoir pris l'idée première de vos articles...

» J'ai toujours pensé que les progrès de notre ordre social dépendaient de la facilité des voies de communication. Aussi, me suis-je depuis fort longtemps occupé du perfectionnement, du traitement des minerais de fer et des chemins de ce métal. Ma spécialité n'est pas morale à mon insu. Métaphysicien avant tout, chez moi l'une est découlée de l'autre, et je me crois plus moral que spécial. Dès l'âge de treize ans, je ne croyais plus aux anciens dogmes ; aussi l'enfer n'eût pu me retenir, et j'eusse rougi de tout autre stimulant que le cœur où l'action providentielle s'exerce. Pourquoi mes premiers initiateurs craignaient-ils de me suivre dans cette large voie, qui fait de l'être humain un agent de la divinité, qui le met en communion continuelle avec elle, au lieu de la communion intermittente et passagère d'où résulte, avec l'antagonisme du bien et du mal, une moralité de nos actes fondée sur le bonbon et le fouet. Mais ils reculèrent devant les conséquences, et leur logique peu serrée laissant votre théorie incomplète, je restai à distance, persuadé qu'ils n'étaient pas initiés. »

M. Desroches-Latil expliquait ensuite comment il s'était rapproché des saint-simoniens, quand il s'était convaincu qu'ils reconnaissaient l'action universelle de la Providence. « Et qu'on ne dise pas, ajoutait-il, que ce fatalisme éclairé, providentiel et non aveugle, comme celui des Orientaux, nous conduirait à la paresse, à l'indolence, au vice, puisque nous ne sommes que des agents, et que l'action de Dieu sur nous est continuelle et même éternelle. Cette sorte de fatalité doit aider à rapprocher l'Occident et l'Orient. — D.-Latil. »

» *P. S.* — Le général Tarayre, qui doit être à Paris le 22 ou le 23 courant, ira vous voir ; vous le trouverez bien grandi. N'oubliez pas qu'il combattit longtemps le fanatisme religieux, et que, resté pur et chef de doctrine, il ne voudrait peut-être pas avoir l'air de céder à d'autres qu'à lui; il n'est cependant pas susceptible..... »

Dans une nouvelle lettre (4 avril 1832), le même correspondant disait au rédacteur en chef du *Globe :*

« Il y a quelque temps, nous passions ici pour fous : après, nous sommes devenus dangereux, on aurait volontiers couru sur nous; aujourd'hui, on se tait. Les deux fortes têtes de l'endroit, Grandete et Rodat, commencent à croire qu'il y a lieu à examiner de plus près ces idées extraordinaires. Le dernier est très-fâché de la sortie qu'il a faite contre nous dans son *Propagateur* de janvier : encore quelque temps, et nous les aurons tous.

» Vous êtes *immoraux*, car votre indulgente morale, qui sanctifie tous les appétits en repoussant les désordres, est contraire à cette morale austère, qui n'est plus aujourd'hui qu'un masque d'hypocrisie. Vous êtes *désorganisateurs*, puisqu'à l'héritage selon la naissance vous substituez celui selon la capacité, que le libre et commode *laissez-faire* est remplacé par une prévoyance pleine de sollicitude, l'égalité par la hiérarchie, la concurrence par l'association universelle, l'antagonisme par l'amour. Heureux les hommes qui désorganisent comme vous ! — D.-L. »

Mais pendant que les savants élèves, les hommes sérieux et positifs, sortis de l'École polytechnique, manifestaient leur sympathie, même avec enthousiasme, pour les idées saint-simoniennes, il se trouvait encore des gens de lettres pour reprendre les anciennes moqueries du *Figaro*, et pour y ajouter l'injure et la calomnie. Un crime commis dans le Midi avait fait dire à un rédacteur de *la Gazette des Tribunaux* que le coupable s'était inspiré des doctrines du saint-simonisme. Enfantin réclama contre cette odieuse imputation, par l'organe de deux de ses disciples, qui lui adressèrent, à ce sujet, le rapport suivant :

« Père,

» Vous nous aviez donné mission d'aller trouver M. Darmaing, rédacteur de *la Gazette des Tribunaux*, pour lui faire sentir l'immoralité de l'acte qu'il avait commis en accompagnant de réflexions calomnieuses le récit du déplorable événement arrivé à Narbonne. Curton, quoiqu'en ait dit M. Darmaing, n'appartenait point à la hiérarchie saint-simonienne, et, sans se rattacher à notre association, il propageait, comme tant de personnes, dont la plupart nous sont souvent inconnues, quelques-unes de nos opinions éparses et incomprises, ainsi que l'a trop attesté son horrible frénésie. Car, qui donc peut imaginer que nos théories aboutissent dans leur réalisation au suicide, au viol et à l'assassinat?

» Nous allâmes au bureau de *la Gazette des Tribunaux*, et de là au bureau du *Constitutionnel*. M. Darmaing, averti qu'on demandait à lui parler à lui-même, sortit de son cabinet, en nous priant d'y entrer, et nous apprîmes, de la personne que nous y trouvâmes, que celle qui s'échappait était M. Darmaing. Nous le rejoignîmes dans la rue.

» Barrault lui dit que nous venions au sujet des articles de *la Gazette des Tribunaux*, contenant sur le saint-simonisme les plus fausses et les plus outrageuses assertions, et le pria de remonter au bureau du *Constitutionnel*.

» M. Darmaing s'y refusa.

» Duveyrier lui dit qu'il ne pouvait, au moins, se refuser à venir chez le PÈRE SUPRÊME recevoir sa parole, et s'assurer par lui-même de ce qu'étaient la religion saint-simonienne et les saint-simoniens. M. Darmaing, croyant à tort que nous venions dans l'espoir d'obtenir de lui qu'il rectifiât ses prodigieuses assertions, déclara qu'il était résolu à n'insérer aucune rectification; qu'il avait le droit de nous attaquer dans nos doctrines et nos personnes ; qu'à ses yeux, le saint-simonisme était une peste, et les saint-simoniens des perturbateurs, qu'il avait déjà dit beaucoup de mal de nous ; qu'il en dirait plus encore.

» Et comme Barrault lui dit : « Mais vous nous calomniez, et vous ignorez quelles sont nos doctrines et qui nous sommes ! » M. Darmaing répondit qu'il nous connaissait comme saint-simoniens, et qu'il ne dirait jamais autant de mal que nous en faisions. Nous insistâmes de nouveau pour qu'il nous accompagnât. M. Darmaing s'écria : « Surtout, messieurs, ne m'approchez pas ! » Que craignez-vous ? dit Barrault, nous sommes des hommes de religion et de paix.

« *Réponse.* — Je me moque de votre paix, de votre religion et de vous. » Alors, Duveyrier lui dit à haute voix : « Monsieur, nous sommes sur la terre pour faire justice, et vous la recevrez. »

» Barrault, Duveyrier. »

La publicité donnée à ce récit, dans *le Globe*, fut la meilleure des justices.

Un autre rapport, adressé à la même époque à Enfantin et inséré dans le journal de la religion saint-simonienne, portait ce qui suit :

« Père, vous m'avez dit :

» J'ai besoin de savoir devant qui je paraîtrai,

» par qui je serai accusé, par qui je serai jugé. » Accusateurs, juges et jurés, je veux savoir leur » *vie* comme ils sauront la nôtre. Je te confie cette » tâche; je te la confie *publiquement*, afin que » ceux qui veulent que la pensée ne soit point en- » chaînée et la parole bâillonnée, apprennent com- » ment il est une *police divine* qui s'avoue et se » dévoile au grand jour, parce qu'elle a mission » de veiller aux destinées du *peuple.* »

» Père,

» J'accomplis la tâche que vous m'avez confiée et je viens commencer à vous en rendre compte.

» Les juges composant la chambre du conseil, qui décidera si vous devez être renvoyé à la chambre des mises en accusation, sont :

MM. Demetz, vice-président, faubourg Poissonnière, n° 58;
Fouquet, rue des Beaux-Arts, n° 10;
Pinondel, rue du Temple, n° 94;
Gaschon, rue Royale-Saint-Antoine, n° 18;
Gairal fils, rue Louis-le-Grand, n° 5;
Pérignon, juge-suppléant, rue de Londres, n° 19.

M. Barbou, juge d'instruction, rue Pavée-Saint-André, n° 5, fera le rapport;

M. Sagot, substitut, rue d'Enfer-Saint-Michel, nº 20, prendra des conclusions au nom de :

M. Desmortiers, procureur du roi, rue des Quatre-Fils, nº 16.

» Si l'affaire est renvoyée à la chambre des mises en accusation, elle sera jugée par :

MM. Brière de Valigny, président, rue Barbette, nº 11 ;
Silvestre père, conseiller, rue Saint-André-des-Arts, nº 41 ;
Gabaille, rue de Tournon, nº 16 ;
Jonod, rue de Lille, nº 4 ;
Chabaud, rue Garancière, nº 8 ;
Delapalme père, rue Saint-Pierre-Montmartre, nº 13 ;
Amelin, rue de la Pépinière, nº 20 ;
Terray, conseiller auditeur, boulevard de la Madeleine, nº 11.

» Les conclusions seront prises au nom de M. Persil, procureur général, rue du Four-Saint-Germain, nº 44.

» Je ne connaîtrai les noms des juges et jurés qui composent la cour d'assises que lorsque l'époque de la comparution aura été fixée.

» En ce moment, je suis en mesure d'avoir prochainement des renseignements précis sur la *mora-*

lité de chacun de ces magistrats ; je ne tarderai pas à remettre entre vos mains les résultats d'une enquête régulière sur ce sujet important.

» PÈRE,

» Vous saurez leur *vie* comme ils sauront la *vôtre* et celle de vos enfants.

» Votre fils vous embrasse avec amour.

» Michel CHEVALIER. »

Cette annonce publique d'une espèce d'information reconventionnelle, si bien faite pour donner la mesure de la vivacité des convictions et de l'exaltation des sentiments auxquels on s'attaquait ; cette ouverture d'une contre-enquête sur les représentants de l'autorité accusatrice, ne fit qu'irriter ceux que ce trait d'audace aurait dû amener à réfléchir sur la nature de la lutte judiciaire qu'ils allaient engager.

Mais, ni les rigueurs croissantes du pouvoir, ni les injures accumulées d'une certaine presse, ne purent ralentir l'ardeur apostolique d'Enfantin et de son intrépide phalange. A chaque événement, ce groupe d'utopistes était le premier à se faire réaliste, à conseiller, à provoquer des actes. Prompt à ouvrir la marche aux esprits pratiques, il traçait les voies à suivre, donnait le plan des travaux à exécuter et pressait la mise à l'œuvre. Le choléra, ainsi que nous l'avons dit, décimait alors la population de Paris. Toutes les préoccupations politiques ou domestiques étaient dominées par la consternation universelle. Les uns se mettaient à la recherche des préservatifs et des remèdes; les autres, dans les classes peu éclairées, surtout, voulant remonter à la cause du mal, ne trouvaient rien de mieux que de se dire empoisonnés. *Le Globe* publia alors cet article :

« *Fin du choléra par un coup d'État.*

» Il n'est qu'une manière d'écarter le choléra, c'est d'agir sur le moral des masses. Toute personne dont la situation est satisfaisante n'a rien à craindre du fléau. C'est ainsi que nous, qui avons une foi et qui contemplons l'avenir d'un œil calme, nous ne pouvons en être atteints.

» Il y a donc lieu aujourd'hui à provoquer chez les masses une excitation morale qui les élève. Or, l'aumône *humilie;* voilà pourquoi toute la pratique usitée depuis que le mal s'est déclaré, reposant exclusivement sur l'aumône, est radicalement mauvaise.

» Il faut donc des mesures extraordinaires qui frappent le peuple, l'exaltent et l'emplissent d'espérance; il faut que des actes, d'une haute portée, soient produits. Mais comment la chose se ferait-elle sans détermination extra-légale, c'est-à-dire sans coup d'État, car les Chambres sont à la débandade et on est obligé d'agir sans elles. D'ailleurs les Chambres, surtout celle des députés, n'ont pas le sens de ce qui est grand et opportun.

» Il faut un coup d'État, un coup d'État industriel.

» Au théâtre, on berne les médecins qui se consolent d'avoir tué leurs malades parce qu'ils les ont tués selon les règles de l'art; ceux qui tiendraient obstinément aujourd'hui aux règles de la légalité seraient aussi ridicules que ces médecins.

» Le système parlementaire a été institué pour entraver l'action du gouvernement, parce que le gouvernement était supposé mauvais *à priori;* et, en effet, les gouvernements modernes prêtent à cette supposition; d'où il résulte qu'un gouvernement qui se renferme dans les bornes du système parlementaire s'interdit toute action étendue; or, il faut au pouvoir, dans la circonstance présente, une action très-étendue.

» Si Paris était assiégé par les Cosaques, qui reculerait à l'idée d'un coup d'État de nature à sauver Paris? Le choléra, qui va toujours croissant, n'est-il pas pire que les Cosaques?

» On a fulminé contre Barnave, parce qu'il avait

dit : *Périssent les colonies plutôt qu'un principe!* Et maintenant, dira-t-on : Périsse Paris, périsse la France, plutôt que le principe du régime parlementaire?

» Le coup d'État que nous réclamons est tout pacifique, il s'agit de chasser le choléra; il s'agit d'assurer l'existence du peuple entier, riches et pauvres, et de le doter d'une haute prospérité.

» Ce coup d'État consisterait à changer *par ordonnance* la loi d'expropriation, de manière à ménager l'intérêt du propriétaire, mais à réduire à très-peu de jours les interminables lenteurs que prescrit la législation actuelle. Il faudrait en outre, *par ordonnance*, des fonds pour l'exécution de grands travaux sur l'espace dont on se serait rendu maître par expropriation. On se procurerait ces fonds, soit par un emprunt, soit en appelant le concours des compagnies auxquelles on allouerait une prime, prélevée sur le fonds de l'amortissement.

» On pourrait ainsi, dans Paris, commencer, par exemple, sur trente points, la rue du Louvre à la Bastille, qui en assainira le plus sale quartier.

» On pourrait encore entamer immédiatement l'établissement des eaux de Paris.

» On pourrait enfin commencer, aux barrières,

les chemins de fer qui doivent conduire à Marseille et au Havre, à Nantes et à Strasbourg. Le chemin de fer de Paris à Pontoise, qui serait plus tard continué jusqu'au Havre, en partant de Paris, aboutit à Saint-Denis; rien ne serait plus aisé que de se mettre dès demain, 12 avril, à l'œuvre de Saint-Denis à Paris. Le terrain est tout nivelé. La route actuelle est trois fois trop large. Une des deux berges suffirait pour le chemin de fer.

» L'ouverture des travaux et leur inauguration se ferait avec pompe, et serait célébrée par des fêtes publiques.

» Tous les corps de l'État viendraient avec leurs insignes prêcher d'exemple. Le roi et sa famille, les ministres, le conseil d'État, la cour de cassation, la cour royale, ce qui reste des deux Chambres, y apparaîtraient fréquemment et manieraient la pelle et la pioche. Le vieux Lafayette y assisterait certainement plusieurs heures par jour. Les régiments viendraient y faire leur service en grande tenue, avec leur musique. Les escouades des travailleurs seraient commandées, par les ingénieurs des ponts et chaussées et des mines, par les élèves de l'École polytechnique, tous en grand uniforme. Le canon marquerait le commencement et la fin de la journée, et sonnerait les heures; des spectacles seraient échelonnés de distance en distance, et les meilleurs acteurs tiendraient à honneur d'y paraître. Les femmes les plus brillantes se mêleraient aux travailleurs, pour les encourager.

» La population devenue ainsi exaltée et fière, serait certainement invulnérable au choléra. L'industrie serait lancée ; le gouvernement, qui aurait fait tant de belles choses, serait entouré de l'amour de tous ; il serait donc très-solide.

» Louis-Philippe, s'est fait peu d'amis avec l'ordre légal, qu'il essaie donc de ces hautes mesures extra-légales. — MICHEL-CHEVALIER. »

On lisait à la suite de cet appel à l'omnipotence royale : « *Devoir et mission de la presse.*

» La presse s'est concertée avec raison et courage contre les ordonnances de Juillet, elle l'a emporté. Les ordonnances étaient contre le progrès du peuple.

» La presse doit se concerter pour des ordonnances nouvelles, qui provoqueraient chez le peuple de Paris, une excitation morale salutaire, et lui donneraient largement du travail ; car le choléra s'entretient par l'inquiétude et la misère.

» Le gouvernement n'ose pas sortir de la légalité malgré le danger qui redouble, quoique probablement il en ait bonne envie. Certainement, si les rédacteurs des journaux de l'opposition s'engageaient d'honneur, à appuyer le pouvoir au cas où il prescrirait par ordonnance de grandes mesures, propres à mettre fin au choléra, ses scrupules se dissiperaient.

» L'appui de la presse mettrait le gouvernement à l'abri de toute susceptibilité des délibérants. Après tout, les délibérants ont lâché pied : ils sont allés et ils vont chaque jour se barricader dans leurs familles contre le choléra.

» La puissance de la presse *unie* est incomparablement supérieure à celle des Chambres. La représentation nationale est bien plus réellement dans la presse, que partout ailleurs. Si demain la presse veut, par un mouvement d'ensemble attaquer largement le choléra, le choléra sera promptement vaincu, tandis que les Chambres n'ont même pas osé en balbutier le nom. Mais pour cela, il faut que la presse s'unisse, il faut qu'elle procède à des réunions pareilles à celles d'où sortit la généreuse protestation du 26 juillet.

» Je sais parfaitement à quel point, sont en ce moment poussées les préoccupations à notre égard, et à quel point les hommes qui ne nous connaissent pas, sont pour quelque temps encore prévenus contre les salutaires avis qui émanent de nous. C'est par ce seul motif que j'ai renoncé à provoquer, en ma qualité de directeur du *Globe*, une réunion de journalistes, qui est cependant urgente. Mais j'appelle de tous mes vœux cette réunion; notre concours est assuré à ceux qui entreprendront de la former. Je suis prêt à aller trouver le premier écrivain qui se chargera, lui, de lancer l'appel. — MICHEL-CHEVALIER. »

Les saint-simoniens ne s'en tinrent pas là. Ils voulurent associer leurs efforts personnels, aux mesures prises pour faire cesser ou pour atténuer les ravages de l'épidémie. La lettre suivante fut adressée à M. le procureur du roi :

« Monsieur le procureur du roi.

» Notre *père suprême* désirerait consacrer la salle Taitbout, à une ambulance médicale, pendant tout le temps que durera l'affreuse maladie qui désole Paris.

» Je viens donc vous prier en son nom de faire lever les scellés apposés sur cette salle. Vous savez qu'elle est vaste et commode, bien aérée, bien éclairée par en haut, qu'elle est dans un quartier sain, et qu'elle réunit ainsi toutes les conditions nécessaires, à l'usage auquel nous la réservons aujourd'hui. Des médecins expérimentés qui font partie de notre famille[1], s'y tiendraient en permanence, et nous nous chargerions de tous les frais de médicaments.

» C'est ainsi, monsieur, qu'après avoir indiqué, dans le *Globe*, des moyens généraux propres à garantir du fléau la partie saine de la population, nous serions heureux de contribuer à soulager les douleurs des malheureux que le mal a atteints. — Agréez, etc. — MICHEL-CHEVALIER. »

Cette lettre, datée du 9 avril, fut publiée deux jours après avec cette note : « Nous n'avons pas encore reçu de réponse. »

La réponse ne devait pas venir; elle se fit tacitement, par le maintien des scellés à la salle Taitbout. Les saint-simoniens toutefois, ne se lassèrent pas de conseiller le gouvernement qui les traitait si mal. Le *Globe* continua d'indiquer les améliorations capables de frapper la masse des esprits, et de faire reconquérir à la nouvelle royauté, une popularité moins factice et moins éphémère que celle

1. L'avis suivant fut répandu dans les quartiers voisins des salles Taitbout et Monsigny :

Religion saint-simonienne.

« Cinq médecins, MM. Jallat, Simon, Rigaud, Lesbazeilles, Plaix, membres de la famille saint-simonienne, sont en permanence, rue Monsigny, n° 6, prêts à se transporter chez les personnes du quartier qui viendraient réclamer leurs soins! »

dont la perte devenait chaque jour plus manifeste et plus déplorable, pour les conservateurs intelligents. Le 13 avril, on lisait dans cette feuille :

« *Projet de rapport du ministre des travaux publics, au roi Louis-Philippe.*

» Sire,

» La France veut la paix, et pourtant la même ardeur qu'elle épancha naguère sur les champs de bataille bouillonne encore dans son sein. Nous avons vu cette ardeur déborder en émeutes dans nos rues et sur nos places publiques ; nous l'avons vue, exaltée par la misère, servir le désespoir de plusieurs milliers d'hommes affamés qui réclamaient de *vivre* EN TRAVAILLANT, et ce grand enseignement avait été perdu pour nous.

» Sire, ce que j'ai appris de nouveau, c'est que la voix du peuple était bien en ce jour la voix de Dieu, et les mesures que je viens vous proposer aujourd'hui sont une réponse vraiment royale à la pétition sublime écrite sur le drapeau lyonnais. Oui, Sire, travailler et non combattre, produire et non détruire, tel est le grand secret de la politique du *jour*. Que d'immenses travaux soient donc ordonnés, non demain mais aujourd'hui même ; que des armées de *travailleurs* soient levées avec la même audace qu'en d'autres jours de deuil la Convention fit sortir de terre quatorze armées de *combattants*. Voici l'ordonnance que je vous propose de rendre immédiatement. A votre décision, Sire, est attaché le salut de l'État.

Ordonnance.

» Une commission, composée de trente ingénieurs, suivra avec activité le projet si longtemps ajourné de la distribution des eaux de Paris, et commencera son exécution dans le plus bref délai. Il sera préparé de nouveaux travaux pour la partie de la population qui aujourd'hui vit de la distribution de ces eaux. Cinquante JEUNES ingénieurs traceront la grande ligne des chemins de fer du Havre à Marseille et de Strasbourg à Nantes. Des cadres sont ouverts dès ce jour pour enrôler tous les ouvriers qui se présenteront des divers points de la France. Deux cents millions sont nécessaires pour cette entreprise ; pour se les procurer le gouvernement négociera dix millions des rentes acquises par l'amortissement. Il sera procédé dans le délai de trois semaines à toutes les formalités d'enquêtes, d'avis des préfets, etc. Pour les terrains traversés toutes difficultés seront aplanies par des voies extra-légales, s'il est nécessaire, moyennant indemnité calculée sur la base de trente à quarante fois le revenu.

» Dix mille hommes, sous la direction de M. Mathieu de Dombasle, seront envoyés dans les départements de l'Ouest pour défricher les terrains incultes et perfectionner les moyens arriérés de culture qui sont encore en usage dans ces contrées. Vingt millions sont mis à la disposition du chef de cette colonie, qui sera le véritable pacificateur de la Vendée. Les Vosges et les Pyrénées seront replantées.

» Des fonds seront appliqués immédiatement au canal latéral de la Loire. Le canal de Nantes à Brest sera poursuivi avec activité.

» Deux nouvelles rues depuis longtemps en projet seront percées à Paris dans les quartiers qui ont le plus besoin d'être assainis : celle qui va du Louvre à la Bastille, et celle qui va du pont d'Arcole au parvis Notre-Dame.

» Les marchés seront terminés d'après les plans présentés en 1808 à l'empereur, qui voulait que *le peuple eût aussi son Louvre.*

» Les propriétaires de maisons recevront des indemnités calculées sur les mêmes bases indiquées ci-dessus pour les terrains livrés aux chemins de fer.

» Une commission permanente s'occupera de nouveaux projets à présenter, et de créer les moyens de les exécuter. Les conseils généraux de tous les départements s'assembleront avant le 30 avril, et enverront à cette commission leurs observations et leurs requêtes sur les travaux d'intérêt local.

» Deux millions seront répartis entre les divers ministères pour augmenter le nombre des bourses dans les diverses écoles, qui seront toutes réorganisées sur un plan général.

» Telles sont, Sire, les mesures les plus urgentes ; j'ai choisi à dessein des projets avec lesquels l'esprit public est familiarisé et dont la haute utilité est généralement sentie. Aux hommes qui bourdonneront le mot de LÉGALITÉ, vous direz : « Mon peuple » a faim, et vos éternels discours ne le nourrissent » pas ; » à ceux qui vous parleront de l'intérêt des propriétaires, vous apprendrez que l'intérêt des propriétaires c'est l'ordre et la paix ; à ceux enfin qui compteront les millions dont vous disposez, vous répondrez que la guerre d'Espagne a coûté quatre cents millions.

» Sire,

» Oubliez un peu la Charte et faites que le sang versé en Juillet soit une *vérité*. Au milieu d'une horrible tourmente de trois années, la Convention, bravant toutes les têtes couronnées, a soutenu la guerre contre l'Europe conjurée, et a préparé ainsi l'œuvre d'un guerrier gigantesque. Vous, Sire, plus heureux que ces hardis démolisseurs, après la grande émeute des trois jours, vous avez rempli une mission conciliatrice et vous avez préparé la venue d'un NAPOLÉON PACIFIQUE, car tel est l'homme que la France incertaine et flottante attend avec anxiété. Il faut au fondateur de l'ère nouvelle la haute intelligence de Descartes, la foi persévérante de Hildebrand, l'audace confiante de Christophe Colomb. Si vous êtes cet homme, Sire, marchez! — HENRI FOURNEL, *apôtre, ingénieur des mines, ancien directeur du Creuzot.* »

Ce n'était pas seulement au dépositaire suprême de la puissance publique que les disciples d'Enfantin, sous la pression de son souffle inspirateur, adressaient leurs religieuses et philantropiques excitations. Ce cri *en avant* qu'ils poussaient vers le trône, ils le répétaient incessamment dans leurs entretiens, dans leurs écrits, dans leurs correspondances ; ils se l'adressaient mutuellement à eux-mêmes, pour stimuler de plus en plus leur zèle apostolique dont l'ardeur si bouillonnante leur semblait encore laisser trop à désirer. Voyez plutôt ce que Gustave d'Eichthal écrivait, de Paris, à Edmond Talabot, alors en mission à Brest :

« Nous languissons, frère, nous languissons! Nos yeux si ardents, errent dans le vague, cherchant à se fixer, nous demandant l'un à l'autre si rien de nouveau ne nous est apparu. Pour moi, te le dirai-je? mon pain m'est amer et mon sommeil me pèse; car je n'ai mérité ni mon pain ni mon sommeil : *Je n'ai point travaillé.* Je me lève le matin, triste de ne savoir que faire pour la classe la plus nombreuse et la plus pauvre, et je me couche le soir, triste de n'avoir rien fait pour donner quelque joie au cœur de *notre Père.* Et cependant, frère, notre *langueur* n'est point de l'*abattement.* L'espoir se peint visiblement sur nos faces rêveuses; l'idée des difficultés, des difficultés grandes et prochaines qui nous pressent, effleure à peine notre esprit, et, sans savoir comment, nous sentons que nous les vaincrons, et nous sommes tranquilles. Notre rêverie me semble pareille à celle de l'adolescent alors que, cessant l'enfance et la jeunesse venant, il écoute en lui-même avec curiosité et en silence, les premiers bruissements de la vie nouvelle qui s'épanouit.

» Frère, il faut nous éveiller, il faut nous lever, il faut marcher; il faut montrer au monde *ce que nous sommes devenus,* l'étonner, le charmer, le changer, le remplir. Notre langueur, présage de force, nous deviendrait mortelle si elle devait durer un moment de plus. Écoute ce que, au nom de *notre Père*, je vais te dire. La société marche à une rapide dissolution. Saint-Simon l'a prédit; nous l'avons répété ; les signes en éclatent plus menaçants de jour en jour. Tu sais, ils se sont battus à Paris, à Lyon, à Grenoble. Le peuple a mis en pièces le trône de Charles X; il secoue rudement celui de Louis-Philippe. En même temps un horrible fléau, issu de la misère des masses, étend jusqu'à nous ses ravages, et met en effervescence tout ce qui reste de passions mauvaises et brutales dans l'humanité. Il y a peu de jours, Paris a vu de ses yeux des scènes hideuses de massacre; la vie humaine y a été moins sauve que dans un désert, patrie de hordes sauvages. Gisquet, le préfet de police, a peur de passer pour un empoisonneur de par Henri V ou la république; et afin de parer le coup, il lance, lui, au peuple, un réquisitoire, contre les empoisonneurs, en vertu de quoi cinq hommes sont assommés. Le maire Gassicourt, pour remède au choléra, à la misère, à la souffrance du peuple, l'engage officiellement à faire la guerre aux carlistes. Delort, le général, à Grenoble, de son autorité privée, remet en vigueur *le jugement par l'épée*. — Et, pendant ce temps nos députés légifèrent sur la navigation du

Rhin, sur la pêche de la baleine et de la morue. Périer a le choléra ; nos bourgeois *émigrent ;* Louis-Philippe *passe des revues.* Quélen, tremblant, apporte à ses ouailles, pour hôpital de convalescence, son château de Conflans, et il est honteusement éconduit comme suspect. Écoute, écoute mugir les oracles de cette épouvantable anarchie ; chaque jour dix sibylles écumantes jettent aux vents les feuilles qu'elles ont noircies ; et leur rage contre un passé qui les étouffe, contre un avenir qui leur échappe, scintille dans le cœur du peuple et l'agite d'horribles convulsions. Talabot, nous avons dit que nous ne *voulions plus de ce monde* qui nous fait mal ; nous avons fait vœu de le changer, de le rendre semblable à nous, à nous *tels que nous devenons chaque jour, meilleurs* par le soin même que nous prenons de le convertir... Jamais plus d'ardeur ne nous a été nécessaire, car autour de nous le *temps presse, le sang coule* ; et nous-mêmes nous péririons bientôt de marasme et d'inanition, si nous n'*activions* pas la vie qui est en nous, si nous n'accomplissions pas à la face du monde la mission que Dieu nous a donnée.

» Nous connaissons maintenant tout entier celui qui est au milieu de nous. A lui a été donné « d'arracher et de détruire, d'édifier et de planter. » En lui toute vie humaine a son développement et son progrès; en lui est la *paix*, la *richesse*, la *science*, l'*avenir* du monde. — Nous le savons, et c'est ce qui fait notre force. Le *monde* l'ignore, et c'est ce qui fait sa faiblesse. — Nous devons apprendre au monde ce que nous savons et ce qu'il ignore.

» La *glorification de notre Père*, et j'ajoute aussi la nôtre, voilà aujourd'hui tout notre apostolat. L'évangile nouveau a commencé aux dernières séances de la salle Taitbout; il faut qu'il se continue. Jusqu'ici le peuple n'a vu que des fragments de nos ombres sur des chiffons de papiers; il faut qu'il voie nos faces, touche nos mains, entende nos voix, et surtout qu'il voie la face, touche la main et entende la voix de notre Père, afin qu'il s'arrête étonné lorsque de loin il l'apercevra s'avançant au milieu du cortége de ses fils. Maintenant va s'ouvrir le drame dont les journées de Bazard et de Reynaud ont été le prélude. Émeute dans la rue, querelle dans la famille, dès que la chose est grave, notre place y est; chaque injure aussi est un appel; au blasphémateur notre parole, notre face... Les occasions de nous montrer abondent.

» Mais pour que *notre Père* nous mène à cet aventureux apostolat, il faut le cortége, il faut l'escorte, notre troupe a besoin de se grossir. A ceux là donc, parmi ses fils, qui pour se lever n'attendaient qu'une parole de sa bouche, *notre Père* en ce jour donne l'ordre de quitter leurs fonctions du monde et de nous joindre. Parmi ceux qui d'ailleurs se sont approchés de nous, il nous commande de lever tout ce qui a taille d'apôtre. A toi donc, à toi, notre grand pêcheur d'hommes, pour les villes que tu parcours, commission spéciale. Si tu trouves autour de toi des hommes qui dans leur vie passée aient suivi à la Terre-Sainte Godefroy, Richard ou saint Louis; des hommes qui aient porté le manteau du Temple ou de saint Jean de Jérusalem, de Compostelle ou d'Alcantara, la croix sur la poitrine et le glaive au côté, quelque peu théologiens, beaucoup plus militaires, aimant le plaisir et pratiquant l'abstinence, aimant les femmes et pratiquant le célibat, aimant la vie et bravant la mort; pour tout dire enfin, courageux et dévots; si tu reconnais ces hommes sous leur enveloppe moderne, à leur démarche haute, à leur regard de feu, à leur parole ferme, aimable et sage, prends-les, frère, dis-leur de se lever et de te suivre, car une *croisade* nouvelle a commencé!

« Paix à l'Albigeois et paix au Sarrazin! amour à tous les hommes, amour à tous les peuples. Haut!

haut! l'étendard de la religion universelle, livrez aux vents ses flammes sinueuses, étincelantes; qu'elles aillent de leurs replis lointains battre les dômes de Rome et les flèches de Madrid, les tours de Berlin et de Londres, les minarets de Stamboul et ceux d'Alexandrie. Amour à tous les hommes! amour à tous les peuples!

» Voyez! il est au milieu de nous celui qui soulève cet étendard? Accourez! accourez! vous tous fils élus des nations! Accourez; *croisez-vous!* déposez vos glaives, tendez-vous la main; passez à ma droite, passez à ma gauche; placez-vous devant et derrière moi. Range-toi, milice sainte; en avant, suis ton *roi!* Paix à l'Albigeois et paix au Sarrazin! amour à tous les hommes, amour à tous les peuples. Vainement le monde se dresse, nous disputant le passage, il s'incline *étonné*, il se relève *pacifié*.

» Frère! Je me suis laissé entraîner par ma verve, et je ne m'en accuserai point : car celui-là n'est point apôtre qui ne se sent pas de verve dans le sang. Mais il s'agit en ce moment d'une véritable *affaire* entre nous; je veux donc te parler *langage d'affaire*.

» Tu vas te trouver à Brest environné d'un grand nombre d'anciens élèves de l'École polytechnique placés dans les différents services de l'administration, de l'armée et de la marine, plusieurs déjà fort attachés à la doctrine. Tu sais que c'est parmi cette classe d'hommes surtout, que nous devons espérer de recruter des apôtres. Ils arrivent à nous, soit par leur intelligence largement développée, soit par la disposition religieuse qu'ils puisent dans le sentiment de la *fraternité polytechnicienne. Notre Père*, Michel, Lambert, Fournel, Hoart, Bruneau, et d'autres qui nous ont quittés; Margerin, Reynaud, Cazeaux, Transon, tous membres du collége, sont sortis de cette pépinière. Tu connais mieux encore que moi le nom de tous les anciens élèves qui dans les provinces nous sont sincèrement dévoués. Adresse-toi donc de préférence aux hommes de cette classe qui te paraîtront animés d'une sympathie véritable pour les maux du peuple, et d'un ardent amour de la gloire. Tâche aussi d'aborder les militaires, les hommes religieusement voués au culte de l'honneur.— A ceux-là, et à tous ceux qui auront un cœur pour te comprendre, dis ce que nous avons entrepris, ce que nous risquons, ce que nous souffrons. — Parle-leur de notre célibat et de notre vie de prolétaires. Dis-leur que nos ressources, toujours si précaires, sont en ce moment plus précaires que jamais, et qu'il y aurait de quoi abattre des hommes dont la *foi* ne croîtrait point avec les obstacles. Dis-leur aussi comment ceux qui s'appellent nos adversaires se déchaînent de plus en plus contre nous. Nous avons procès avec Rodrigues, procès avec Bazard, — procès avec Louis-Philippe; les engagements les plus formels sont regardés comme nuls s'ils sont contractés envers nous ; tu l'as vu par la conduite des frères Toché que nous avons signalée dans *le Globe;* enfin on ne se borne plus à nous acccuser de *folie ou d'escroquerie ;* à propos de l'homicide et du suicide de Curton, il nous a été publiquement imputé de prêcher le viol et l'assassinat.

» Eh bien ! aux hommes choisis qui t'écouteront, tu diras que c'est en présence même de ces embarras et de ces dangers que nous nous sentons plus forts que jamais pour les appeler à nous et les associer à notre mission. Qu'ils viennent, qu'ils nous donnent leur *vie*, c'est la donner au *peuple;* il n'en manquera point après eux qui nous donneront leur argent. Rappelle aux élèves de l'École les journées de Vincennes et du Louvre. Il s'agit en ce jour d'un dévouement plus *salutaire* et plus *grand* à la fois ; il s'agit de donner la *vie* au risque de recevoir la *mort,* car pour ceux auxquels il faut une chance de mort, *elle y sera;* et si nous ne devons pas succomber, comme les apôtres chrétiens, ensevelis sous une grêle de pierres, c'est qu'à force de calme et d'intrépidité nous aurons fait tomber les pierres des mains d'un peuple égaré.

» Appelle donc, d'une voix forte, frère, tout ce que tu rencontreras d'*apôtres*. A tous, il faut cette vertu nouvelle qui résume en soi la *dévotion* et le *courage ;* du reste, les aptitudes peuvent être diverses. Il y a ceux qui s'occupent de perfectionner l'organisation du travail et préparent un immense développement des moyens d'échange et de communication entre les peuples. Il y a ceux dont la voix puissante commande sur la place publique à l'émotion d'une foule attentive. Il y a ceux dont la parole grave, calme et solennelle, captive l'esprit des hommes dans les entrevues et les négociations. Il y a ceux qui descendent au fond des cœurs pour y palper la joie et la tristesse, et y insinuer la religion. Il y a ceux qui rêvent l'avenir et le chantent afin qu'il soit réalisé. Il y a ceux enfin qui ne sont point encore venus, et qui doivent sur la toile et le marbre, par des concerts et par des fêtes, présenter au peuple les symboles vivants qui le passionneront pour sa future destinée. — Troupe sacrée dont tous les fils s'aimeront, car tous seront aimés de *notre Père* et du *peuple*. — Gustave d'Eichthal, *apôtre*. »

Chaque jour, *le Globe* renfermait un de ces appels apostoliques dont l'ensemble devait former ce que les saint-simoniens appelèrent *la prophétie :* qualification justifiée en effet par l'immense révolution survenue depuis dans l'ordre matériel, dont les progrès sont si nécessaires à ceux de l'ordre moral, au développement de la sociabilité humaine.

Après d'Eichthal, Duveyrier prit la plume et écrivit ces pages remarquables :

« Le peuple. — La mort. — La vie.

» Au jour où l'Europe sentit à sa face orientale les étreintes douloureuses du mal d'Asie, les féodaux et les catholiques, qui ne voient que chutes, profanations et attentats dans le glorieux chaos où se refondent les races, les nations et les croyances rivales, laissèrent ainsi déborder leur colère en une longue litanie d'imprécations.

» Malheur à toi, nation superbe qui ne respectes rien de ce qui vieillit, qui dépouilles tes nobles et tes prêtres, et balayes jusqu'à trois fois, comme une vermine, les rois que tu n'as pas écrasés ! Tu t'es roulée à pleins flots dans le sang et la boue, et tu as ri des vengeances de ton Dieu. Malheur à toi, ton bourreau, le voici !

» Il a frappé de ses pieds invisibles les parois aux mille couleurs de la grande pagode. Il s'élance, il vole, et le doigt de Dieu le pousse plus vitement qu'il n'a poussé la nuée de Gomorrhe.

» Les marchands de Perse et de Syrie disaient dans leurs comptoirs, voyant le temple de Delhy sans pénitents, le char colossal privé d'attelage, ses roues immobiles et pures de sang humain ; les marchands disaient : Le mal est indien.

» Mais le fléau prit place à bord de leurs navires ; il se glissa sur les chameaux des caravanes, dans les flocons soyeux des toisons de cachemire ; il se suspendit aux rayons diaprés du soleil d'Orient ; il s'éleva dans les vapeurs des marécages et descendit au loin en fraîches rosées ; il perça avec les retentissements de la foudre l'air étouffant de plaines sans limites ; il tourbillonna dans les nuages de sable que l'ouragan enlève et rend au désert ; il se fit arabe, turc, tartare, et bientôt reposa, terrible, au sommet du Caucase.

» Les docteurs européens se dirent entre eux, voyant ces nations pâles et envenimées, voyant le poison au Nord et au Midi, sur les glaçons du Thibet et dans les parfums de l'Euphrate ; les docteurs se dirent : Le fléau est asiatique.

» Mais le fléau descendit le Caucase : il souffla

son venin sur la grande place de Moscou ; il s'enrôla dans les troupes de serfs que, de toutes les extrémités de l'empire, l'inflexible autocrate versait au Danube ; il circula jusque dans les artères brûlantes des hulans et des pandours, et il attendit là vos glaives tranchants, vaillants Polonais !

» Oh ! malheur ! voici le jour où l'homme fera divorce avec tous les embrassements de la terre, avec la famille, avec la cité, avec le monde pestiféré qui l'environne ; car la terre entière est livrée au fléau, et c'est lui, vraiment, qui peut dire que son royaume est de ce monde.

» Il marche ! il marche ! et de Finlande en Crimée, de Dantzig à Lemberg, il a déjà couché sur le sol une effroyable moisson ; et il t'envoie, nation orgueilleuse, le lugubre concert de ses milliers de cloches et l'odeur de ses morts : terrible menace qui t'enseigne le chemin qu'il a pris.

» Ainsi parlaient les derniers soutiens du passé, pour qui les délices de la cour et les tortures du martyre, Versailles et Golgotha, sont encore une religion.

» Ils avaient foi que Dieu vengeait les couronnes salies sous des pieds sanglants, et les croix d'or arrachées au plomb des cathédrales ; ils avaient foi que les souffrances populaires étaient un redoutable châtiment, et voici qu'aux premières douleurs ils ont chancelé, leur pitié s'est émue ; ils ont versé l'huile sur les plaies, et n'ont pas craint de barrer, face à face, la justice de leur Dieu.

» Oh ! c'est qu'avant toutes choses ils sont nobles et bons ; s'ils ne peuvent contempler Dieu dans les trônes croulants, ils ne le voient point non plus dans les plaies populaires. Où donc est Dieu ?

» Sont-elles si vaines, nos prophéties? Est-ce chose étrange de compter sur le génie des hommes et les richesses du monde, de croire qu'à force de courage et de persévérance le globe deviendra, par notre œuvre, salubre et fécond, et la race humaine pacifiée; que toutes choses sont admirablement préparées pour l'universelle communion? Catholiques et féodaux, si Dieu ne parle plus dans les douleurs du peuple, c'est qu'il veut parler dans ses travaux et ses fêtes; si Dieu n'apparaît pas dans les trônes qui tombent, c'est qu'il édifie de son bras celui qui s'élève.

» Oh ! la mort! craignez la mort! Sans doute, quand on est athée, lâche, et qu'elle arrive sans gloire, elle est hideuse; éloignez-la. Mais est-ce tout que de ne pas mourir?

» La vie! la vie ! pour le peuple ! O mon Dieu! donnez-lui la vôtre, une vie de courage et de foi, une vie d'amour, pure, énergique, incorruptible, éternelle; une vie d'ouvrier-géant, rayonnant la gloire et le plaisir.

» Elle a paru dans la capitale de France cette vie divine qui vient installer la religion du travail et des fêtes; elle a paru sous la figure d'un jeune homme, plus beau et meilleur que tous les hommes; elle a brillé sur son front grave, dans ses regards doux et son sourire; elle est tombée avec sa parole dans le cœur de ceux qui l'ont approché. Ils ont écrit, et la vie de mon Dieu a volé sur des feuilles légères que déposaient chaque jour les courriers dans les villes; ils ont parlé, et elle a circulé au sein des écoles, parmi les juges et les oisifs, les travailleurs, les soldats, et d'écho en écho a retenti à la tribune; elle a paru nue dans son temple; elle a voyagé dans tous les rangs du peuple, et bientôt prendra possession de lui et de la terre pour embellir et féconder leur sainte union. Elle s'étalera en rubans d'acier sur les routes où passeront les chariots avec un bruit de foudre; en canaux bordés de prés verts, à travers les sables jaunes et les marais croupissants; en gigantesques monuments qui seront le berceau et la retraite des petits enfants et des vieillards; en ateliers innombrables, en laboratoires, en académies, en ports, en cités fraîches, somptueuses; elle s'étalera ainsi qu'une parure de noces sur le vaste corps de ta fiancée, peuple de France !

» Les peuples voisins sentiront à leurs flancs le contact d'un Dieu palpable et visible ; ils se retourneront pleins d'espoir sur leur couche de douleur, et ils lui tendront des bras suppliants. Ils diront : O mon Dieu n'aurons-nous point de part à la vie nouvelle que tu répands dans le monde? J'entends à mes côtés des concerts et des fêtes bruyantes ; des ponts s'élèvent, les campagnes se défrichent, les mines se creusent et versent aux rayons du jour leurs richesses Je vois les villes immobiles, ainsi que des ruches en travail, et je suis à travers les bois et les moissons, les colonnes mouvantes des travailleurs disciplinés. La France épanouit au soleil un visage de santé, de bonheur, de richesse, harmonieux comme un ciel d'étoiles! Oh ! c'est là ta vie, ta vie réelle, ô mon Dieu ! Nos cœurs et nos champs s'ouvrent béants pour la recevoir, car toute terre et toute nation t'appartiennent ? »

» Et la vie de Dieu surgira par familles d'apôtres, d'artistes et d'ambassadeurs de paix ; elle prendra place à bord des navires, elle circulera à travers les cordages et les mâts inclinés, sous leurs carènes et dans les flots verts couronnés d'écume, dans les vents et les bouffées de vapeur qui pousseront l'équipage aux blancs rochers des Anglais; elle poussera ses rubans d'acier à travers les riantes vallées des Germains, sur la terre brûlée des Napolitains et des Espagnols; elle s'avancera en caravanes brillantes députées de la métropole européenne; elle pacifiera les querelles des familles, des partis et des peuples; elle assainira le sang des races vieillies, rendra leurs cœurs résolus et généreux; elle renouvellera la face du sol et le fera sourire de volupté.

» Alors, ô mon Dieu! ta vie qui remplit le monde et doit s'y montrer, ta vie sera suspendue sur tous les contours du globe; elle se dressera sur l'Europe, ainsi qu'un amas de grandes eaux, et elle se répandra en un déluge d'armées pacifiques plus nombreuses que toutes les hordes de guerriers que la voix des conquérants assembla; elle pénétrera les hauteurs glacées des montagnes et les déserts à l'haleine étouffante; elle apparaîtra comme une succession de royaumes sans fin chargés de villes, de récoltes, de temples et de populations joyeuses; elle se montrera dans les rochers berçant les navires entre leurs bras allongés au sein des mers, ou faisant jaillir de leurs crevasses des jeux étincelants de pierreries et de métaux ; elle unira par des mœurs douces, policées, les noires tribus de l'Afrique et du milieu de l'Asie assoupie, elle retentira comme un clairon dans le réveil des Hindous et des Chinois; elle apaisera les convulsions des républiques américaines, balàyera leurs forêts séculaires, fouillera leurs mines, et couvrira de fleurs la guirlande de rochers qui lie, au sein des mers, comme un père à son fils, le monde ancien et le nouveau, et de l'étoile polaire à la croix du Sud, de la terre de glace à la terre de feu, la vie de mon Dieu aura tout rempli, toute la nature et tout le genre humain ; elle les aura enlacés ainsi que deux amants, et les fera rouler dans l'espace, leur couche nuptiale ajoutant aux harmonies du ciel le bruit de leurs soupirs et de leurs baisers.

» Et chacun y aura sa part, depuis le plus petit jusqu'au plus grand ; et les noirs et les blancs, et les maîtres et les serviteurs, et les peuples et les rois, et ceux qui vivent et ceux qui meurent, plus tôt, plus tard, tous y viendront.

» Peuple! peuple! reçois leurs aumônes! reçois-les pour tes femmes et tes enfants; réchauffe tes membres glacés et fuis la mort! mais est-ce tout que de ne pas mourir ?

» Oh! cherche la vie, la vie divine; une vie de courage, et de foi ; une vie d'amour, pure, énergique, une vie d'ouvrier-géant, rayonnant la gloire et le plasir ; car tu es le peuple élu pour engendrer à cette vie divine le globe entier et la race des hommes, *et tu portes dans tes entrailles* L'HOMME ÉLU *de qui tu la recevras*. Cherche, cherche, tu es l'aîné de la famille des peuples ; leurs douleurs t'arrivent suppliantes comme les cris d'agonie d'enfants qui se noient arrivent au cœur d'un passant afin qu'il s'attendrisse, se jette au fleuve et les sauve.

» Tu croyais avoir incarné en toi toutes les souffrances terrestres. A ta droite, à ta gauche, au-devant, en arrière, tortures de rois brisés et martyrs, tortures de nations et de colonies gémissantes; fléau de misère, fléau d'ignorance, abandon, barbarie, servitude, anarchie, tu pensais avoir tout éprouvé ; mais voici que de dessous tes pieds, du milieu de l'autre hémisphère, une nouvelle plaie a voyagé jusqu'à toi et est entrée dans tes chairs comme une morsure de serpent.

» Cherche, cherche, ô peuple ! éveille-toi, reprends courage, lève-toi dans ta force ! car UNE VOIX TE CRIE : « *Il n'y a plus trace de lie au fond du calice, et c'est au triomphe, et non au supplice, que cette fois tu vas courir*. — CH. DUVEYRIER. »

Cette série de manifestes, où se révélait tant d'amour de Dieu et de l'humanité, tant de foi et d'espérance, se produisait au milieu des poursuites actives du ministère public, sans que la hardiesse des propagateurs du saint-simonisme reçut la moindre atteinte de cette coïncidence. Loin de là, *le Globe* ne craignait pas d'ajouter parfois à ses enseignements religieux, à ses avertissements et à ses appels apostoliques, quelques traits mordants pour faire ressortir davantage la vanité de la politique routinière, l'impuissance des hommes d'État de Juillet, lesquels ne se préoccupaient que des besoins, des intérêts et de l'opinion des classes hautes ou moyennes, seules comprises alors dans *le pays légal*. C'est ainsi que, mettant un jour en regard le conservateur timide et obstiné et l'initiateur sans peur et sans reproche, il publia ce parallèle :

« *Le bourgeois. — Le révélateur.*

» Quand ils eurent chassé et lentement conduit au rivage le fils de leurs rois avec les deux rois qui étaient sa progéniture, ils appelèrent les docteurs de la loi et ils leur dirent : « Nous maudissions ce vieillard obstiné; car prétextant que » nous étions un peuple fougueux qui va toujours » courant se briser contre les rochers, il voulait » nous mettre autour du corps une ceinture étroite

» et nous attacher aux pieds un boulet. C'est vous » qui nous avez excités contre lui et contre sa race. » Nous vous prions de nous rendre heureux; » car nous souffrons dans notre chair et dans notre » esprit, dans la chair et dans l'esprit de nos fils » et de nos filles.

» Si vous êtes venus dans nos ateliers, vous avez » vu ces masses de fer embrasé que nous retirons » des fournaises et que nous jetons entre les dents » des cylindres qui tournent plus vite que ne va le » vent. Il en jaillit un lait de feu qui s'écoule par » bouillons et qui se répand dans l'air en gouttes » étincelantes, et le fer sort des dents du cylindre » prodigieusement amaigri. En vérité, nous som- » mes comprimés comme ces masses de fer.

» Si vous êtes venus dans nos ateliers, vous avez » vu ces câbles des mines enroulés autour d'une » roue, qui vont chercher à douze cents pieds de » profondeur des blocs de pierre ou des montagnes » de charbon. La roue crie sur son essieu, le câble » s'allonge sous son énorme charge. Nous sommes » tirés comme le câble; mais nous ne crions pas » comme la roue, car nous sommes patients autant » que forts.

» Grand Dieu ! qu'ai-je fait ? dit le peuple abîmé » de douleur comme le roi David; qu'ai-je fait

» pour que mes fils les plus vigoureux deviennent » de la chair à canon, et que mes filles les plus » belles deviennent de la chair à prostitution ?

» La vigueur est-elle donc si abondante qu'on » en ait à paralyser ? La beauté est-elle donc si » commune en nos parages qu'on en comble des » bourbiers. » Les docteurs de la loi se mirent donc à dire : « En vérité, ce peuple souffre cruelle- » ment ; qu'allons-nous faire pour ce peuple ? »

» Ils firent un roi, et ils griffonnèrent un papier.

» Ils appelèrent ce papier *charte-vérité*. Les premiers mots étaient : *Tous les Français sont égaux devant la loi.*

» Ils dirent : « Que cet écrit soit parmi nous un » gage de concorde et d'union. »

» Et aussitôt il s'éleva une grande dispute parmi eux ; et, après s'être violemment accusés les uns les autres, ils se séparèrent.

» Cependant d'autres vinrent à leur place. Ceux-ci furent salués par les acclamations de la multitude. On disait dans les journaux, dans les salons et dans les rues, que l'heure de la prospérité publique avait sonné.

» Leur premier mot fut : « Nous sommes une as- » semblée géante ; Napoléon nous vient au genou. » En s'élançant de tous ses muscles, il n'a pu planer

» que sur les Pyramides; en se haussant sur la » pointe du pied, il n'a pu graver son nom que sur » les cimes du Simplon et du mont Cenis. » — » Leurs amis répétèrent : « C'est une assemblée » géante. »

» Cependant les faiseurs de lois, après s'être ainsi annoncés, s'assirent sur leurs bancs, et pendant six mois ils parlèrent abondamment sans s'écouter les uns les autres.

» Et comme du dehors un grand nombre de voix leur rappelaient la détresse publique, ils se mirent un jour d'accord, afin d'accomplir une grande œuvre, et après mûre délibération, ils vinrent proclamer en face du peuple, ô prodige du génie! un réglement sur la visite des voitures par les commis des barrières, résultat sublime de leur touchante harmonie. Ce qu'ayant fait, ils furent essoufflés, et se reposèrent tout comme s'ils eussent arraché de leurs racines profondes, d'une main le mont Blanc, au milieu des Alpes, de l'autre, le mont Perdu au milieu des Pyrénées, et que les émiettant entre leurs doigts, ils en eussent semé la poussière dans les vallées, du nord au midi, afin d'établir une chaussée superbe entre les peuples du midi et les peuples du nord, de Cadix à Saint-Pétersbourg.

» Qui peut croire que cette comédie bourgeoise

doive encore durer? Les peuples sont-ils donc des enfants au berceau qu'on endort par un vain babillage?

» Il faut d'autres vertus que des vertus bourgeoises pour aller ramasser une nation qui s'est perdue dans les précipices, et pour la porter sur ses épaules à travers les roches, les marécages et les sables sur une terre de salut.

» D'où viendra-t-il le colosse de vigueur, de gloire et d'amour, qui, passant comme le Samaritain auprès de la France en pleurs, descendra pour la relever et la faire asseoir à ses côtés sur un char de triomphe?

» Il n'aura pas consumé sa vie à humer nonchalamment l'air frais au milieu de *ses* prés, de *ses* champs, de *ses* vignes. Son souverain bonheur ne sera pas de s'ébattre doucement au coin du foyer domestique, sa famille sera l'humanité, pour domaine il lui faudra le monde.

» Et tandis que les *révélateurs* des anciens jours ne trouvaient sur leurs pas que des peuples dévorés par des maîtres arrogants, lui, plus heureux, rendra grâce au père de famille de ce qu'il aura paisiblement géré l'héritage du Seigneur.

» Le temps est proche où aux yeux de tous un homme apparaîtra dont la vue fera tressaillir les peuples. A son approche les puissantes cités, la ville de César et d'Hildebrand, celle d'Alexandre de Macédoine, celle de Constantin, celle du tzar Pierre, se lèveront saisies de respect comme des filles devant leur père. Du milieu des monceaux de décombres qui marquent la place où fut Babylone, Sémiramis montrera sa tête pour regarder passer le libérateur.

» Les villes le salueront, et il les saluera par un nom nouveau. Au-dessus de leur tête, il dressera un phare éblouissant de science, pour elles il parera la terre de toutes les merveilles de l'industrie, pour elles il embaumera l'air des parfums de l'amour et des arts. De son doigt comblant les vallées et abaissant les monts, il tracera entre elles des voies rapides, afin qu'elles soient unies, et qu'il n'y ait bientôt qu'une *vie*, qu'une *foi*, qu'un *chef* pour toute la terre.

» Émancipateur pacifique, il parcourra le monde, distribuant l'affranchissement au *prolétaire* et à la *femme ;* car à sa voix la femme ne répondra que des paroles de vérité, et le mensonge, c'est l'esclavage.

» Il dira au désert de devenir une terre féconde, et le désert obéira : à sa voix, les reines de l'Orient, Babylone et Palmyre, renaîtront plus splendides, car il n'y aura plus d'anathème.

» Celui-là portera-t-il sur la face la *quiétude* du *bourgeois* ou le calme du *révélateur*. — Michel Chevalier. »

Le journal de la religion nouvelle ne pouvait guère publier entièrement tout ce qui se disait ou s'écrivait alors dans la famille saint-simonienne sur ce titre de *révélateur* appliqué d'abord à Saint-Simon, et reporté ensuite sur Enfantin. Parmi les principaux apôtres, il s'en trouvait qui pressaient le Père suprême d'oser proclamer le caractère divin de sa mission, dût-on l'entendre dans le sens des antiques croyances. A ceux-là, Enfantin apparaissait non pas seulement comme le continuateur du Christ, mais comme le Christ lui-même, dans toute sa grandeur divine, humainement développée, à travers les siècles. Un jour (2 mars 1832), celui des disciples qui avait fait dire de lui au maître qu'il représentait *la sainte persécution que le supérieur éprouve de la part de l'inférieur*, avait abordé le chef suprême, pour lui communiquer, sous forme de rêve ou de vision, ce qu'il puisait dans les excitations de sa foi exaltée. Voici le récit[1] de cette

(1) En marge de la copie de ce récit, Enfantin écrivit la note suivante :

« Cette visite de Gustave fut l'occasion d'une commotion religieuse très-vive pour toute la famille. Quelques-uns en furent presque complétement bouleversés, Rochette, par exemple, et

communication extraordinaire tel que le disciple l'a écrit lui-même et qu'il a été copié par Enfantin pour être conservé dans les archives saint-simoniennes :

« Ce matin, à six heures et demie, j'entrai chez le Père, dit d'Eichthal, il se réveilla, et me demanda ce qui m'amenait. — Père, je crois que nous ne vous connaissons pas. — Que veux-tu dire? As-tu besoin de ma confession? — Non, Père, ce que j'ai à vous dire, le voici. J'ai eu cette nuit une de ces *révélations* dont je vous ai souvent dépeint le caractère, espèce d'*illumination* vive et soudaine, qui m'arrive en plein état de veille, me laisse toute liberté de locomotion et de raisonnement, mais qui me remplit de Dieu, de la vue de l'avenir, et fait frissonner de joie et pleurer tout mon être. Celle-ci est la plus grande de toutes celles que j'aie jamais eues.

Bourdon, d'autant plus que Gustave s'était chargé de leur communiquer lui-même son inspiration.

» Gustave a omis une chose dans son récit, c'est que, dès les premiers mots, il me résuma son rêve, et que je lui répondis : Eh bien, laisse-moi dormir encore une heure, j'ai besoin de sommeil, je me suis couché à deux heures; et je dormis, en effet, encore une heure.

» Cette note est le *titre* le plus important de la vie apostolique de d'Eichthal près de moi; c'est par elle qu'il sera *nommé*. Sa vie tout entière y est *écrite*. »

(Sainte-Pélagie, 14 janvier 1833.)

» Mais j'hésite à parler, car toute ma vie j'ai eu le sort du prophète, toute ma vie j'ai été raillé, moqué ; raillé comme juif, raillé comme catholique, raillé comme comtiste, raillé comme saint-simonien ; j'ai été raillé, je le serai encore comme *Enfantinien* (vous entendez ce mot) ; vous-même, l'autre jour, quand je vins vous demander *le célibat* pour vos fils, vous m'avez raillé.

» Je parlerai cependant, il le faut ; je vous aime, j'ai foi en vous, si je m'égare vous me redresserez ; vous dégagerez ce qu'il y a de grand à coup sûr de ce qu'il peut y avoir de faux dans ce que je vais vous communiquer ; mais je n'ai pas même peur de m'être trompé ; car ce qu'une impétueuse inspiration m'a révélé, j'ai pris soin déjà de le justifier par un retour calme sur le passé, par une stricte et rigoureuse vérification.

» Vous vous rappelez mes pressantes instances depuis trois mois pour vous déterminer à adopter dans toute votre manière d'être des formes plus *chrétiennes*. Vous vous rappelez aussi combien fut vive et profonde mon émotion, lorsque, mercredi soir, vous nous donnâtes la loi de célibat. Je sentis se réjouir en moi mon vieux catholicisme, et ma religion se compléter. Hier, à cinq heures, obligé de me mettre au lit, à cause de l'état nerveux où je me trouvais, j'eus une de ces *illuminations* dont j'ai parlé tout à l'heure. Je ressentis un mouvement de sympathie profonde pour la foi et le culte catholiques. Je me transportai par la pensée à NOTRE-DAME ; j'y écoutai la messe avec ravissement ; je partageai pour Jésus l'attendrissement du fidèle le plus fervent, et il me sembla que je pouvais religieusement, moi saint-simonien, m'asseoir à la communion de la sainte table, où l'on se repaît de son corps et de son sang.

» Je vous racontai ce fait hier au soir, au bal, où je vous vis. Rentré chez moi, à deux heures du matin, mes yeux ne se fermèrent pas un instant, mon tendre amour pour Jésus bientôt fit de nouveau couler mes larmes ; bientôt aussi je sentis que ma communion avec lui était plus intime même que celle du chrétien ; que pour moi Jésus était vivant encore, en chair et en os, près de moi et jusqu'en moi-même. De ce sentiment à un autre plus précis, il n'y avait qu'un pas ; il fut franchi : JÉSUS VIT EN ENFANTIN.

» Oui Père ! ce Jésus que j'ai si ardemment aimé, maintenant je le sens en toi ; mon amour pour toi se modifie, s'accroît, se fortifie, se divinise de tout celui que l'Église catholique sait inspirer à ses enfants pour son céleste époux. Depuis cet instant, où par un vœu solennel tu as su manifester en toi-même et en tes fils la plus haute vertu d'abnégation et de devoir, JÉSUS est en TOI, se réjouit en TOI.....

» Père! en effet n'est-il pas vrai que le RÉVÉLATEUR, au moins la future moitié du RÉVÉLATEUR nouveau, c'est toi? N'ont-ils pas raison ceux qui, comme Buchez et quelques autres, prétendent que Saint-Simon n'a été qu'un PRÉCURSEUR, et que la révélation définitive partira de ce COUPLE dont l'avénement doit enfin constater l'égalité religieuse de la femme et de l'homme?...

» Père, je te disais dernièrement, je disais à tes fils : d'où vient qu'aucun de nous n'a encore rendu à notre PÈRE la parole nouvelle, la parole de vie qu'il nous a donnée dans ses derniers enseignements? Eh bien, je viens aujourd'hui comme un *coryphée*, au nom de tous tes fils, te rendre cette parole : ÉCOUTE, tu nous a dit :

« Depuis le jour où un homme, sous l'influence de la foi saint-simonienne, a pu écrire ce que j'ai écrit dans la *lettre sur le calme*, depuis ce jour, il y a eu véritablement un CHEF RELIGIEUX dans la société, dans la FAMILLE saint-simonienne.

» Dimanche, je vous rappelais, en vous parlant du christianisme, que les premiers disciples du

Christ, les Évangélistes et même les Pères de l'Église, faisaient naître en vous une admiration beaucoup plus grande, je dirai plus, une sympathie beaucoup plus vive que celle qui existe jusqu'à présent de vous à moi, et de moi à vous. Aussi le monde prétend-il que nous ne sommes pas religieux, et cependant nous prétendons, nous, apporter au monde une *nouvelle religion*. Nous, plus encore que les chrétiens, nous venons dire : la *religion* consiste à relier les hommes entre eux et l'humanité au monde. Il semble dès lors que le lien qui existe devrait apparaître plus *vivant* qu'il n'est apparu entre les chrétiens, et que nous-mêmes, nous devrions sentir ce lien d'une manière beaucoup plus *vive* que nous ne le sentons.

» Nous avons foi que lorsque l'humanité doit accomplir de grandes choses, ce sont de grands hommes qui les accomplissent. Quand nous ouvrons un livre et que nous y voyons le nom de Grégoire VII, de Charlemagne, de Napoléon, nous éprouvons un *sentiment que la doctrine ne peut encore nous inspirer*. Le provoquer ce sentiment, par les réflexions que je fais en ce moment, je le sais, cela ne suffit pas. Le provoquer en disant : nous serons grands un *jour*, et l'humanité nous *bénira*, c'est un *espoir*, mais la *réalité* n'est pas là. Et cependant j'ai besoin de vous dire ce que je sens en moi, parce que vous y puiserez la révélation des désirs que je forme pour vous.

» Dimanche, vous avez eu un témoignage éclatant de ma foi dans la mission que DIEU m'a donnée. Dimanche, en présence des protestations faites contre mon *autorité*, vous avez *senti* cette *autorité* et vous m'avez nommé avec plus d'amour que jamais, votre PÈRE SUPRÊME. Dimanche était le premier jour de notre pratique religieuse, comme ma lettre sur le *calme* en était la première expression théorique.

» Un homme seul, dans la méditation de sa vie intérieure, enfermé dans son cabinet, a *cru*, et il a *écrit*. Le même homme, voyant un peuple devant lui, a *cru* et il a parlé.

» La même foi qui lui faisait dire à son fils : je ne t'écouterai que lorsque tu sauras parler à MOISE, à JÉSUS et à Saint-Simon l'animait dimanche au milieu de vous, et devant une nombreuse assemblée. »

« LA EST LE MYSTÈRE. »

« O Père, je le sais, au fils n'appartient pas de nommer le Père ! mais le père est bon ! et afin de ne pas accabler ses enfants sous le poids d'une révélation trop lourde, après que lui-même a mis son nom sur leurs lèvres, il leur laisse à eux-mêmes le soin de le prononcer. JÉSUS disait quelquefois à ses disciples : QUI SUIS-JE? OU VAIS-JE? et ses disciples lui répondaient ; nous aussi nous te répondrons.

» C'est pourquoi je te dis devant tes fils, que tu es autre chose qu'ils ne l'avaient cru jusqu'ici. Reynaud le pressentait, quand il te disait : *Je ne sais d'où vous êtes*, et RODRIGUES aussi, lorsqu'après la séance de la protestation de REYNAUD, il s'écriait : depuis le SERMON SUR LA MONTAGNE, L'HUMANITÉ N'A RIEN ENTENDU DE SI GRAND. Je te dis donc que tu es autre chose que le représentant de SAINT PAUL, plus qu'un apôtre, plus qu'un PAPE. TU ES LA FUTURE MOITIÉ du COUPLE RÉVÉLATEUR, et JÉSUS VIT EN TOI.

» COUPLE MESSIE, l'humanité t'aimera, t'adorera, te divinisera plus qu'elle n'a fait de JÉSUS ; car j'en apporte ici le vivant témoignage, il y a dans ce sentiment d'amour pour *l'Homme-Dieu*, donné par le christianisme au monde, une inconcevable puissance, une inexprimable douceur. Or le patrimoine de l'humanité ne saurait décroître ; Dieu y ajoute au contraire, et l'embellit tous les jours. FILS de DIEU, ou quelque nom que te donne l'avenir, tu ne te déroberas plus aux yeux des hommes dans les profondeurs d'un ciel mystique, conviant à des noces lointaines une mystique épouse; mais toujours, en la personne du couple sacré qui porte en lui les mânes de la dynastie passée, les germes de la dynastie à venir, sur ce trône, majestueux comme une tombe et riant comme un berceau, COUPLE INITIATEUR, tu revivras PRÉSENT aux yeux de tous, et les élans de cœur des hommes vers toi, pendant la suite des siècles, dépasseront de bien loin les pieuses joies de la dévotion chrétienne pour JÉSUS; car, sur ta face auguste, le sourire caressant habite à côté de la touchante tristesse; car tu aimes la *beauté* à l'égal de la sagesse; car tu portes en ton cœur, pour tous et pour chacun, le mystère du PROGRÈS, non pas celui de la *prédestination*; car tu te glorifies de *recevoir*, non pas seulemeut de *donner*; et ton *infaillibilité sainte* redescend sur l'humanité toute entière, qui par toi et avec toi chaque jour de plus en plus s'initie au divin amour.

» Et nous savons maintenant pourquoi jusqu'ici nous n'avons point encore eu parmi nous le lien qui unissait les *Évangélistes*, les *Apôtres*, les *Pères* de l'Église chrétienne. C'est que nous n'avons point encore eu parmi nous la vie qui fait toutes ces choses. En vain nous demandions à notre *passé* ce qui appartenait encore à notre avenir.

» Il y a deux ans, moi-même, parlant de la puissance des sympathies religieuses, j'ai dit : « *Voyez ce Christ,* voyez ces apôtres dont le cœur brûlait d'une charité si ardente pour Dieu et les hommes. Mais en même temps que leurs affections personnelles étaient vives et touchantes! quel amour paternel égala jamais celui du maître pour ses disciples? quel amour filial celui des disciples pour le maître? et lorsque le bien-aimé s'inclinait sur le sein de Jésus, lorsque sa tête, belle d'une sainte mélancolie, gonflée par l'inspiration divine, rayonnante des grandeurs futures de l'humanité, s'approchait amoureusement de la tête du divin époux, quelle amitié fit jamais naître d'aussi sublimes épanchements, d'aussi ravissantes émotions. »

» Voilà ce que j'appelais, voilà ce que je prophétisais, voilà, PÈRE, ce que tu nous donneras. Désormais tu n'es plus pour moi le même être, une atmosphère divine circule entre toi et moi, ce MESSIE que nous supposions avoir été en Saint-Simon et dont en vain nous cherchions à retrouver l'influence sanctifiante en nous-mêmes, maintenant je le sens en toi, dans ton avenir au moins, et j'appelle la FILLE de DIEU qui doit s'asseoir à tes côtés, pour fléchir le genou devant votre dualité sainte.

» Maintenant un mot de moi-même.

» Depuis mon enfance, j'ai marché suivant toujours l'axe des grandes révélations du passé ; successivement juif et chrétien, allant au-devant de la terre promise ou montant vers le *ciel* des élus ; c'est pourquoi quand j'ai rencontré Saint-Simon, je me suis placé tout d'abord au cœur de la révélation nouvelle, versant autour de moi l'esprit religieux dont j'étais plein, et allant puiser à la source vivante celui dont j'avais besoin. C'est pour cela qu'il m'a été donné, ô mon PÈRE, le jour où RODRIGUES proclama ton premier avénement, de constituer dans la famille la religieuse *communion* du *baiser*. C'est pour cela qu'entendant la parole religieuse s'échapper des lèvres de TRANSON, je me suis écrié : *gloire à Dieu !* C'est pour cela que j'ai pu, avant tout autre, concevoir la vie de SAINT-SIMON et raconter à tes fils une vie de révélateur. C'est pour cela que j'ai pressenti, prophétisé ton élévation par-dessus BAZARD et RODRIGUES, et que dans la lutte terrible que nous avons traversée, ma foi en ta destinée n'a point chancelé un moment; c'est pour cela enfin qu'aujourd'hui j'ai *parlé*.

« Père, tu m'as, devant tes fils, rendu ce témoignage que j'étais l'homme de la vie intime duquel tu alimentais le plus ta propre vie ; c'était m'exalter à leurs yeux et aux miens, et aujourd'hui que je te conçois plus grand que jamais, le témoignage que tu as rendu de moi ne m'accable pas. Plus que jamais il me semble que je suis et dois être partie intégrante pour ainsi dire de ta puissance révélatrice. Je crois être à tes côtés comme un miroir du monde, dans lequel tu aimes à observer, sous des formes réduites, l'œuvre que tes mains accomplissent. Père ! le don de *prophétie*, cette puissance de concentrer en soi comme en un ardent foyer mille rayons émanés des points divers de l'espace et du temps, de manière à pressentir les effets de la vie divine, cette puissance a été autrefois dévolue à la race juive ; elle a fait sa grandeur entre les nations. Les chrétiens ne la connurent point, ils n'eurent d'autre prophétie que celle du passé, le commentaire et l'interprétation. Aujourd'hui que la race juive est de nouveau appelée dans le temple, le don de prophétie doit de nouveau prendre place parmi les dons religieux, l'avenir doit avoir ses DANIEL et ses ISAIE. Lorsque RODRIGUES est apparu au milieu de nous dans un état d'exaltation si extraordinaire à nos yeux, si plein cependant de jets sublimes, nul doute que dans ce moment, la puissance prophétique particulière à sa race, sous une forme plus ou moins normale, se manifestait en lui.

» Et moi aussi, Père, n'est-il pas vrai (et c'est là ce qui me lie à toi), j'ai en moi un don de prophétie, une puissance de pressentir l'avenir des hommes et des choses. Ma mission est de tourner sans cesse autour de toi, errant dans tous les lieux, montant ou descendant les âges, recueillant en moi des impressions variées que je viens soumettre ensuite à l'ardeur nourrissante de ton inspiration, afin que l'oracle en jaillisse.

» Père, je te rends grâce! car toi seul donnes à ton fils puissance et vie parmi les hommes; toi seul sais exciter, modérer, gouverner la flamme qui s'agite en son sein; toi seul le rassures contre l'incrédulité du monde, contre son propre étonnement; toi seul enfin peux donner un libre cours à sa parole et faire servir la fougue incessante de son génie au succès de la mission divine que tu poursuis parmi nous.

» Ainsi je parlai, et le Père me répondit:

» En l'absence de la femme, je ne puis me nommer; à plus forte raison tu ne le peux pas. »

Bientôt (12 avril 1832), une autre voix s'éleva et vint presser Enfantin de parler et d'agir comme chef de l'humanité par mission divine; c'était celle de Barrault, qui criait au Père suprême :

« Père, Vous êtes le messie de Dieu et le roi des nations.

» Or, Jérusalem voit son Christ, et ne le connaît pas; car son Christ n'a point encore visité la Galilée.

» Le triomphe est la fête du retour.

» Paris a contemplé votre face et écouté votre voix; la France sait seulement votre nom.

» Votre popularité ne peut plus croître à Paris, qu'elle n'ait commencé en France.

» Ici nous pesons à la bourgeoisie, et nous sommes légers pour le peuple; le peuple ne porte que des géants.

» Ici nous ne pouvons plus grandir.

» Le choléra nous a trouvés imitateurs de l'archevêque de Paris, il nous manquera bientôt par le ralentissement de ses ravages; qu'il fasse sa moisson et mûrisse la nôtre; mais notre heure n'est pas la sienne.

» Le procès est déjà au-dessous de votre dignité toujours croissante : laissons l'avocasserie aux libéraux; le tribunal ne serait digne de nous que s'il devait nous mener à la croix, à l'échafaud ou au trône.

» Une recrue d'hommes nouveaux nous mettra-t-elle donc en mesure d'entreprendre à Paris quelque chose de grand et d'imprévu ? Peu viendront.

» Et entre eux peu feront couler dans nos veines un sang frais, chaud, vivant !

» A nous la France pour nous rajeunir ! la France avec ses climats divers, ses cités, ses ateliers, ses villages, ses ports, ses plaines, ses montagnes; et nous à la France, pour l'initier à un spectacle inconnu, celui d'hommes religieux, entourant d'amour, de respect, d'obéissance, leur père, leur roi, leur maître !

» Nous avons éloigné femmes et enfants, fait un vœu de célibat; nous allons liquider le journal et jusqu'à la famille. Vite en campagne ! une promenade en France? la promenade à Paris sera plus belle ensuite !

» Le moment est venu où doivent se constituer l'apostolat régulier et l'apostolat séculier.

» Laissez à Paris quelques enseignements, une correspondance, des livres, votre politique à débiter, un journal, vos portraits, et cachez-leur votre visage.

» Que tous se parent de vos dépouilles en votre absence; qu'ils obéissent à leur insu à votre inspiration; et lorsque lassés de leur anarchique dissolution, engagés à demi dans votre voie, ils sentiront le besoin d'un guide, d'un sauveur, vous vous montrerez, et ils vous salueront.

» Car la France, et non plus seulement Paris, vous connaîtra.

» Que vos fils vous précèdent dans chacune des grandes villes de France et les préparent à vous recevoir. Talabot est à Brest ; Bouffard à Toulouse, Flachat va partir. N'est-ce pas déjà un commencement d'exécution ?

» Nous avons besoin d'hommes et besoin d'argent : nous ne pouvons en avoir aujourd'hui qu'en nous montrant, *nous !* nos livres et nos journaux ont produit leur récolte.

» Que la France vous voie, vous entende; que l'Europe retentisse du bruit de vos pas dans chacune de vos cités; à ce prix seulement l'intronisation !

» A ce prix seulement la venue de la femme ! Vous l'avez appelée ; montrez-vous, et que de tous côtés accourre à son oreille le bruit de votre bonté, de votre sagesse, de votre beauté.

» Et dans cette aventureuse expédition de notre apostolat en France, deux provinces nous réclament surtout, le Midi et l'Ouest, aux populations catholiques et ferventes de fanatisme.

» Nous avons dit que nous ferions la paix avec les légitimistes et les catholiques; allons à eux, qu'ils voient un roi, un messie! un pacificateur!

» Ainsi agrandis par tous ces travaux, et forts de l'ascendant que nous aurons exercé et de l'inspiration que nous aurons recueillie, nous retrouverons Paris, déjà nourri de notre parole dans sa bourgeoisie et dans son peuple.

» Père, vous oserez alors; nous vous suivrons; nous vous suivrons, rajeunis nous-mêmes et avec des hommes nouveaux. Et la volonté de Dieu sur vous s'accomplira. »

Le lendemain, Barrault reprenait la parole et disait :

« Père, nous avons, par vous et avec vous, conquis à nos fronts d'apôtres l'auréole de la science.

» Une sanction nous manque aux yeux de tous et surtout du peuple, celle du danger, de la douleur, du courage.

» J'aurais peine à accepter pour vous, *aujourd'hui*, l'éclat d'une vie magnifique au milieu de Paris, et moins encore celui du diadème.

» Père, Dieu ne veut pas que la couronne d'épines déchire une seconde fois votre front : mais les plaies antiques se rouvriront, avant qu'elles s'effacent à jamais sous le bandeau deux fois sacré de prêtre et de roi !

» Nous avons donné au monde le plan d'une organisation sociale nouvelle, celui de vastes travaux méditerranéens, français, parisiens, et l'indication de toutes les mesures transitoires propres à en favoriser l'exécution ; votre nom et ceux de quelques-uns de vos enfants y sont attachés. Nous ne pouvons plus être oubliés.

» Partons, et laissons faire la société; nous avons à nous continuer et à grandir ailleurs, car je n'espère pas *d'un voyage messiaque* seulement un grand retentissement en Europe, mais une inspiration féconde pour vous et pour vos enfants, et enfin la propagation plus large et plus facile de nos doctrines pendant votre éloignement. J'affirme qu'à cette magnifique croisade sont attachées nos destinées.

» L'Orient porte aujourd'hui deux grands hommes, l'homme de l'*esprit* et celui de la matière : Mahmoud et Mohammed; ils verront votre face, Père, et *ils vous reconnaîtront*, non plus dans la crèche et sur les genoux de sa mère, mais fort, grand, glorieux entre des hommes forts, grands et glorieux; ils verseront à vos pieds l'or, l'encens et la myrrhe, vous seul pouvez les réconcilier, et faire entamer par leurs forces réunies l'accomplissement de grands travaux : le sultan et le pacha sentent la puissance d'un regard, l'énergie d'un mot; ils vous verront, vous entendront, un firman précisera l'exécution; les ingénieurs d'Europe accourront : la hiérarchie orientale se prêtera à une prompte réalisation et commencera ainsi à se transformer.

» Pacificateur de l'Orient qu'ensanglantent aujourd'hui les Turcs, les Égyptiens, les Persans, vous pèserez du poids de vos bienfaits dans la balance politique de l'Europe et du monde. L'Orient attend de l'Occident quelque chose de grand; Byron et Napoléon vous y ont précédé, avec leur poésie et leur courage, vous montrerez à l'Orient le calme fécond et majestueux qui n'appartient qu'à vous.

» Jérusalem vous reverra, ô mon Père, vous remonterez sur le Calvaire, et nous tomberons à vos genoux, et c'est de là que vous reviendrez en Europe, après avoir été adoré par les mages de l'Orient, accompagné d'apôtres de toutes les nations, véritablement transfigurés par vos œuvres, véritablement ressuscités de la tombe, et vous élançant glorieux, continuant à travers les nations le voyage que jadis la croix limita, et portant, mais non plus dérisoirement, le sceptre et la couronne! Et cependant l'Europe, saisie de nos doctrines, en sera gonflée et agrandie comme une pâte où fermente le levain.

» L'Europe que nous aurons sillonnée de notre marche aura gardé l'empreinte de nos pieds, et la moisson aura crû dans chacun de nos pas!

» Et cependant Paris aura continué son éducation par *le Globe*, la *Revue encyclopédique,* d'autres journaux, et par les drames et les romans qui propageront, sans nom, les doctrines *politiques* et *morales* marquées de notre *sceau*. Toutefois la fondation d'un centre saint-simonien entre le quartier Latin et le faubourg Saint-Germain, l'abandon de l'Athénée et des cours d'histoire, d'économie politique, de littérature, de philosophie et d'art, que feraient, avec quelque licence d'hérésie, Lherminier, Edgar Quinet, Sainte-Beuve, Guéroult, Bra, Reynaud, etc., auront saisi la jeunesse de toutes les écoles; enfin la distribution de feuilles populaires aura ému le peuple de votre nom et cependant la France, outre le mouvement qui lui aura été imprimé par Paris, aura reçu des journaux de département une salutaire impulsion.

» L'application des forces orthodoxes de nos centres aux provinces royalistes et catholiques aura augmenté notre puissance et notre popularité.

» Et lorsque la France et Paris, sous votre inspiration, avouée ou méconnue, auront ainsi commencé l'accomplissement de votre loi :

» Père, vous apparaîtrez aux yeux de tous, ayant un pied en Orient, et l'autre en Occident.

» Père, vous régnerez, et ne régnerez pas seul ; la FEMME sera venue ; vous l'aurez trouvée, car vous l'aurez cherchée.

» En vous écrivant ces choses qui se pressent en moi, je sens se réveiller mon ardeur, et je comprends quatre ans de ma vie employés à des rêves aventureux.

» Père, je suis à vous. — BARRAULT. »

Des accents d'une tout autre nature avaient frappé presque en même temps les oreilles d'Enfantin. Un de ses disciples de Belgique venait de publier une protestation dont la franchise n'était pas toujours malheureusement assez exempte d'exagération, d'injustice et d'amertume. Le dissident belge s'exprimait ainsi :

« *A Monsieur* ENFANTIN,

» Monsieur, je ne suis plus votre fils, car je n'ai plus en vous la foi absolue dont vous faites votre pierre de touche.

» J'aurais pu me taire et m'épargner à moi la peine de faire cette déclaration, à vous celle de la lire ; mais j'ai mieux aimé parler : je dois à mes amis de la Belgique, comme à ceux de France, l'explication des motifs de ma retraite.

» Après les preuves de dévouement et de courage que j'ai données à la doctrine ; après les efforts que j'ai faits pour elle dans un pays où le titre de saint-simonien est un titre à la haine et au mépris, et mon empressement à accourir ici pour m'instruire de sa situation, l'on comprendra, j'espère, que ma résolution, fruit d'une conviction profonde, éclairée de tout ce qui pouvait la fixer, a quelques motifs sérieux.

» Ces motifs, ce sont surtout vos idées sur l'autorité et les moyens de gouvernement qui mènent droit au despotisme et à la fourberie ; ce sont vos idées sur la femme et le nouveau droit du seigneur, qui mènent droit à la promiscuité et à l'avilissement de l'espèce.

» Vous vous *posez révélateur* de la morale qui doit régler les rapports individuels des hommes avec l'autorité et les rapports des sexes. Cependant vous consentez à n'arrêter définitivement cette morale que lorsque vous sera arrivée la femme à laquelle vous faites appel.

» *Alors seulement la foi sera obligatoire.*

» Ni alors, ni aujourd'hui, je ne veux ni ne puis vous donner ma foi ; car je ne reconnais personne comme mon *révélateur* futur, quelle que soit l'époque à laquelle il fixe la force obligatoire de ses révélations.

» D'ailleurs j'ai d'autant plus de raison de ne pas croire à votre morale *future*, que je repousse votre morale *présente*, qui, selon toutes les probabilités, sera aussi celle de votre femme, si jamais vous en avez une ; votre femme, dont l'appel est une jonglerie.

» Vous avez dit que le règne de l'abnégation est aboli : sachez donc ne point vous étonner que je ne vous fasse pas bon marché de ma conviction.

» Mon imagination n'est pas assez hardie, mon sentiment de l'être pas assez borné, pour renfermer la *vie* dans l'établissement de la rue Monsigny, et je souris de pitié en lisant dans tous vos enseignements cette variante de la parole d'un autre orgueilleux : L'HUMANITÉ, c'est moi.

» Blasphème contre lequel je proteste de toutes mes forces. Je souris plus doucement quand vos brebis me demandent comment je me porte, et me regardent avec anxiété dans les yeux, se figurant qu'on doit être éternellement malade quand on n'est pas entièrement d'accord avec vous. Je dois, à ce que vous appelez les dissidents, la justice de déclarer qu'ils n'ont jamais suspecté ma santé pour avoir approché un enfantiniste ou avoir dîné à votre table.

» Bref, je crois que ce qui reste à faire, pour achever l'œuvre théorique de Saint-Simon, ne se fera point instantanément et par un seul homme; même il me semble qu'il ne sera point trop du concours de tout ce que l'Europe renferme dans son sein d'hommes avancés, pour produire cette seconde partie de la doctrine sociale de l'avenir.

» J'admets qu'il peut vous appartenir, à Bazard qui le sent, et à vous qui ne le sentez pas, de provoquer la discussion sur ce nouveau terrain, d'en poser les premiers termes, mais rien de plus.

» Vous *exigez* LA FOI *en vous*, et vous vous étonnez qu'on ne voie pas déjà en vous l'homme plus grand que Napoléon. Ne serait-il pas mieux de donner à cette foi l'occasion de naître, et, lorsqu'elle est née, l'occasion de s'affermir?

» A mes yeux vous avez fait tout le contraire.

» Dans le moment même où vous prétendiez à ma confiance entière, vous vous défiiez de mes rapports avec Bazard, madame Bazard, Dugied,

Carnot, Reynaud, Leroux, Transon, Jules Lechevalier, Charton, Laurent, Lacordaire, Saint-Chéron, etc. Redoutiez-vous donc l'examen ?

» Vous avez amené la dissension en voulant vous établir *Loi vivante*, en voulant proclamer un nouveau *droit du seigneur*, en prétendant *réaliser*, c'est-à-dire en voulant abandonner l'apostolat, qui était très-actif, pour envahir *actuellement* le monde matériel par des emprunts successifs et des travaux de plus en plus considérables. Aujourd'hui que, grâce surtout à cette dernière prétention, qui renfermait une promesse d'amélioration *immédiate* pour le peuple, promesses si enivrantes pour ceux qui à Paris où dans les provinces ne connaissaient point le degré de développement de la doctrine et les dispositions du monde extérieur à son égard; aujourd'hui que, grâce à cette promesse, vous avez *conquis* le trône de la rue Monsigny, vous reconnaissez (mais *tacitement*) l'erreur qui vous a fait expulser tant d'hommes forts, dont le grand tort est de ne pas avoir pu courber la tête et s'effacer devant vous, et dont quelques-uns ont préféré le besoin, dans l'indépendance, à la splendeur factice dans l'asservissement; et vous sentez votre impuissance à exécuter vos plans industriels. Votre droit du seigneur s'est transformé en un appel à la femme, qui révèlera avec vous quand vous jugerez qu'il en sera temps ; et pour voiler votre *loi vivante*, vous parlez d'une *loi écrite*, qui ne sera en réalité que l'expression sténographiée de celle-là.

» D'abord vous avez voulu faire de l'humanité un couvent, et de la rue Monsigny sa première habitation, dont les cases s'étendraient successivement comme un bas de laine sur le globe tout entier. Aujourd'hui, voyant l'état matériel de votre société (si société il y a), vous dites qu'il faut laisser dans le monde extérieur les saint-simoniens que le *défaut de fortune* (séance du 12 février) ou les liens de famille empêcheraient d'arriver, *et ne faire sauter le fossé qu'aux autres*. Serait-ce bien là, avec votre dogme de la *loi vivante* et votre *droit du seigneur*, qui en est à l'état de doctrine secrète, le moyen de réaliser la prédiction de Michel Chevalier, que dans quatre ans vous serez aux Tuileries ? Je conçois qu'avec des idées aussi folles vous ne prétendiez pas faire acte d'abnégation et de sacrifice en catéchisant la France et l'Europe jusqu'à cette époque.

» Je dois inférer de vos deux derniers enseignements que vous vous apprêtez à expulser de votre établissement les prolétaires, les faibles, et à vous ôter ainsi le moyen d'aller aux prolétaires, comme en expulsant les hommes forts de savoir et d'éloquence vous vous êtes ôté le moyen d'aller aux hommes forts. »

« *Banqueroute!* Banqueroute d'hommes et d'argent....

» Voilà où l'on arrive quand on prétend renfermer la vie de l'humanité dans un homme, et sa voix dans une gazette; voilà où l'on arrive en jouant le révélateur, en singeant la papauté, en se plaçant en dehors du réel, en se jetant à corps perdu dans une logique que le sentiment ne retouche pas.

» *La foi!* Me crierez-vous encore : *Vous croyez au diable, à Satan!* Eh non, je ne crois pas au mal comme existence absolue; mais que signifierait donc le progrès s'il n'y avait pas toujours du mal à rejeter et du bien à atteindre?

» Votre propre erreur vient de ce que votre orgueil vous fait tout rapporter à vous, au chef; de ce que réellement vous ne sentez pas Dieu, la vie universelle. Vous dites sans cesse que Dieu est tout ce qui *fut* et tout ce qui *est;* moi je dis qu'il est non-seulement ce qui *fut* et ce qui *est*, mais aussi ce qui *sera*. Posée de cette manière, vous ne trouverez plus la définition de Dieu un argument aussi facile.

» Saint-Simon nous a appris beaucoup de grandes

choses[1]; nous en avons accepté beaucoup d'autres comme conséquences de celle-là ; je continuerai à les enseigner avec bonne foi et simplicité, par la presse, l'écriture et la parole ; mais il est des choses qui sont encore à dire ; là commencent les nouveaux travaux, là finit votre autorité pour moi.

» A cette occasion, monsieur, je suis aise de vous exprimer ma reconnaissance pour ce que vous avez fait pour la propagation de la religion saint-simonienne ; je vous appuierai volontiers quand votre but et vos *moyens* ne seront pas contraires à mes sentiments ; mais, croyant quelque peu à la spontanéité dans l'homme, j'ai dû combattre la fausse voie dans laquelle je vous vois engagé, parce qu'elle me paraît de nature à retarder les véritables progrès, et à éloigner tous les hommes qui ont le sentiment de leur dignité, et toutes les femmes qui ont quelque pudeur.

» Je vous prie, monsieur, de vouloir agréer mes salutations. — T... »

La spontanéité individuelle exagérait évidem-

1. Comme tous les dissidents qui avaient suivi Bazard dans sa retraite, M. T... protestait de son attachement persévérant aux grandes choses qu'il avait apprises de Saint-Simon. Cette persévérance est d'autant plus remarquable qu'elle est mise en relief, dans sa lettre, par le voisinage de quelques qualifications et sarcasmes à l'usage des adversaires les plus malveillants et les moins éclairés du saint-simonisme.

ment la critique chez les uns comme l'enthousiasme chez les autres. D'un côté on criait à Enfantin, vous êtes trop timide, marchez donc en avant, osez vous proclamer la personnification vivante de l'humanité, le verbe particulier de la divinité ; d'autre part, on lui reprochait d'aller trop vite et trop loin ; on lui jetait à la face l'accusation de tout immoler à son orgueil, de tout rapporter à sa personne, d'incarner l'humanité en lui, de se dire le messie privilégié de Dieu, de se croire Dieu lui-même.

Entre ces deux appréciations contradictoires, Enfantin, en garde contre l'illusion aussi bien que contre l'irritation, conservait toute la supériorité qu'il tirait de sa foi, de son inspiration et de son calme. Il savait bien qu'il n'était pas Dieu, qu'il ne pouvait pas se faire passer pour Dieu, bien qu'il se sentît, plus que personne, vivre en Dieu, et qu'il eût la prétention d'être le premier par ses sentiments, par sa pensée et par son œuvre, sur l'échelle des êtres humains ayant conscience de leur participation à la vie universelle. Tant pis pour ceux qui auraient cherché à l'entraîner au delà des limites qu'il se posait à lui-même ; tant pis pour ceux aussi qui lui attribuaient une ambition et un orgueil sans bornes, faute de comprendre le vrai sens et la portée nullement surnaturelle des mots *révélation* et *mission divine* [1] dans la bouche des adorateurs de L'ÊTRE CONSCIENT QUI EST TOUT CE QUI EST. Personne, nous le répétons, ne sentait plus profondément et ne proclamait plus hautement qu'Enfantin ce que le saint-simonisme apportait au monde sur la connaissance de Dieu, et personne ne disait avec plus de conviction que le chef suprême :

Nul de nous n'est hors de lui;
Mais AUCUN DE NOUS N'EST LUI.

Sans doute les disciples d'Enfantin, qui croyaient nécessaire et opportun de stimuler son audace, n'entendaient pas autrement que lui le dogme

1. Dans notre *Avant-propos* (t. Ier, p. XII), nous avons dit, appuyés sur la parole même d'Enfantin, comment le saint-simonisme avait entendu le mot *révélation*. Nous croyons utile de reproduire ici cette explication.

« La révélation, pour les saint-simoniens, ne saurait être autre chose que l'inspiration qui, à chaque époque, fournit, au génie de l'homme, les sentiments et les idées au moyen desquels il remplit successivement les conditions attachées, dans les plans divins, au développement de la perfectibilité humaine.

» Cette révélation est donc permanente et progressive. De plus, elle n'est pas seulement le résultat de l'inspiration spontanée et particulière des hommes de génie en qui elle se manifeste, elle participe aussi de l'influence des siècles passés et des progrès antérieurs, aussi bien que du mouvement contemporain au milieu duquel elle se produit, et elle ne se propage et ne se fortifie qu'en se conformant, dans son interprétation et sa pratique, à l'inspiration collective des générations qu'elle traverse, qu'en mettant largement à profit le reflet lumineux du monde vivant qu'elle soulève et qu'elle aspire à mener. »

saint-simonien. Il leur semblait seulement que la mission de leur maître prendrait un caractère plus divin, une autorité plus religieuse, en se rattachant davantage, dans ses manifestations extérieures et par la forme de ses révélations et de ses symboles, à la tradition chrétienne. C'était, en quelque sorte, une légende prématurée qu'ils demandaient; aussi, voyez ce que leur répondait Enfantin.

« Quand le Père se fut de nouveau réveillé, dit d'Eichthal, et que j'eus fini de lui débiter ma parole, il se leva, et, mettant ses bas, il me dit : « HOMO SUM[1]. »

A la note de Barrault, du 13 avril, Enfantin a ajouté ces lignes en marge de la copie qu'il a écrite lui-même et conservée dans ses archives :

« Cette note, et celle qui précède (celle du 12), expriment un sentiment que Barrault a sans cesse et très-religieusement reproduit à chacune des crises éprouvées par la famille. A chaque fois ma réponse fut toujours la même : — *Je ne sens pas que le temps soit venu.* — Et en effet, la France nous devait au moins la prison avant de nous montrer au monde. »

1. Ce complément du récit de d'Eichthal a été ajouté par lui-même en marge de la copie de sa narration écrite par Enfantin et déjà citée.

Enfantin écrivait cela sous les verrous de Sainte-Pélagie, le 14 janvier 1833.

Revenons à 1832.

Le choléra sévissait toujours dans Paris, et tandis que Barrault et d'Eichthal pressaient Enfantin, dans l'intimité, de donner à sa parole et à ses actes une forme plus hardie et plus éclatante afin de frapper plus vivement et de remuer plus universellement le vieux monde, Duveyrier s'emparait du cri de douleur et d'effroi perpétué par les ravages du fléau, pour ramener l'attention publique sur les misères de la classe la plus nombreuse et la plus pauvre, pour faire rougir la classe dirigeante et le pouvoir sorti de son sein, de leur attitude négative, en face des plaies héréditaires aggravées par les souffrances accidentelles; pour montrer à l'égoïsme oisif et à l'optimisme officiel, combien leur fortune, leur puissance et leur sécurité étaient intéressées à l'extirpation des vices et des maux qui engendraient les émeutes et les insurrections en même temps que les pestes, et qui formaient le lourd patrimoine de l'immense majorité des travailleurs. *Le Globe* avait proposé de combattre la panique pour atténuer les progrès de l'épidémie, en relevant le moral des populations par l'ouverture de grandes entreprises et même par des fêtes. Cette idée ayant été vivement repoussée par quelques feuilles conservatrices, le journal saint-simonien répondit :

« Ceux qui ne comprennent pas qu'au milieu d'une horrible contagion nous pressions de toutes nos forces l'ouverture de vastes et sublimes travaux, par des fêtes qui soient pour le peuple un signal de l'ère de bien-être, de santé et de gloire qui s'ouvrirait pour lui, et une vive impulsion qui l'entraîne avec enthousiasme ; ceux-là, que proposent-ils? que font-ils? quelle idée neuve leur a suggéré cette nouvelle fiole de poison ajoutée au calice d'amertume du peuple? vers quel but ont-ils dirigé l'influence bienfaisante que la presse pourrait exercer dans leurs mains ?

» Hélas! ils ont été semblables en face du fléau à ces juges et à ces bourreaux contre lesquels ils n'ont pas assez d'anathèmes; à ces graves régulateurs de l'hygiène publique, qui ne connaissent de remède aux maladies sociales que l'air des cachots pour l'esprit gangrené des faussaires, et le fer rouge qu'ils impriment sur les chairs qui ont failli.

» Mais PRÉVENIR le délire de l'âme et des sens, faire justice à tous, et TARIR ENFIN A SA SOURCE la contagion des vols et des assassinats!... Oh? vraiment, c'est une idée folle! pure vision ! Les juges et les bourreaux ne sont pas des rêveurs. Ils ont été semblables en face du fléau, ces conseillers du peuple, aux conseillers du roi devant l'ulcère des travailleurs.

» Quand l'émeute gonfle et se répand dans la rue, le conseil s'assemble et fait venir ses murailles hérissées de fer, et l'émeute est cernée, foulée jusqu'au sang dans un triple cordon de baïonnettes.

» Mais remonter à l'écume bouillonnante, à la plaie qui brûle et déborde. Aller aux greniers des villes, aux huttes des champs, aux hangards, aux ateliers misérables, là où il n'y a ni pain ni travail assuré, et TARIR ENFIN A SA SOURCE la *contagion* de l'émeute et de la faim, oh ! vraiment pure vision ! les conseillers du roi ne sont pas des rêveurs.

» Hélas, hélas ! le nouveau clergé de l'esprit des peuples, ces hommes qui ne tiennent par le cœur à rien de ce monde, qui se jouent de tout, qui rient d'un rire amer, et se dandinent sur le sol branlant sous leurs pas, ils tournent dans leurs doigts, en sifflant, le sceptre du monde, et croient le tenir pour l'éternité dans leurs mains. Et ils ne savent pas qu'il fut arraché des tiennes, grand Dieu des chrétiens, parce que tu ne venais que verser le baume sur l'ulcère des hommes, et non le guérir. »

Quand *le Globe* s'exprimait, avec cette véhémence et cette hardiesse, il était à la veille de clore sa carrière apostolique. Distribué gratuitement à ses lecteurs, son existence était subordonnée aux ressources financières de la famille saint-simonienne, comme aux convenances et à la marche de l'apostolat. Le 19 avril, la lettre suivante, publiée en tête du journal, annonça qu'il allait cesser de paraître.

A monsieur Enfantin, chef de la religion saint-simonienne.

« Monsieur,

» Au moment où vous allez cesser la publication du *Globe*, je veux que, sans connaître mon nom, le monde apprenne qu'une femme, qui toujours a voulu vivre retirée de la société et qui a été conduite par une bien douloureuse circonstance au milieu d'une grande réunion d'hommes qu'elle aurait fuis sans elle; je veux, dis-je, que le monde sache que cette femme, après plusieurs mois passés près de vous, ne peut ni quitter ni abandonner les hommes admirables qu'elle a vus accomplir avec un si noble dévouement des travaux immenses dans le but d'assurer le bonheur de l'humanité.

» Pour vous préparer dans la méditation et le recueillement à réaliser un progrès nouveau, vous voulez abandonner les soins fatigants d'un journal quotidien, et livrer ainsi votre brillant héritage du *Globe* à ceux qui seront assez forts pour s'en servir.

» Moi qui ne me suis pas encore senti la force d'imiter votre entier dévouement, mais qui vois avec joie mon fils au milieu de vous, je me trouve heureuse d'être, par ma fortune, en position de contribuer à vous aider dans le règlement de vos intérêts financiers.

» Je vous ai déjà avancé des sommes importantes, et m'occupe d'en mettre de nouvelles à votre disposition.

» Ces fonds, joints à d'autres rentrées, assureront, je l'espère, votre service pendant trois mois; d'ici là d'autres seront fiers comme moi, j'en suis certaine, de vous aider non-seulement à repousser les obstacles que l'ignorance sur vos personnes et des préventions ont accumulés contre vous, mais encore de vous fournir les moyens d'accomplir l'œuvre que vous aurez conçue dans votre retraite. »

Cette lettre, publiée sans signature, était de madame Petit, mère d'Alexis Petit, l'un des membres les plus capables et les plus dévoués du second degré.

Le lendemain, 20 avril, *le Globe* termina son œuvre d'apostolat par ce manifeste :

AU MONDE.

MOI, PÈRE DE LA FAMILLE NOUVELLE,

« Avant de commander le silence à la voix qui chaque jour annonce au monde qui NOUS SOMMES, je veux qu'elle dise qui JE SUIS.

» DIEU m'a donné mission d'*appeler* le PROLÉTAIRE et la FEMME à une destinée nouvelle.

» De faire entrer dans la SAINTE FAMILLE HUMAINE tous ceux qui jusqu'ici en ont été *exclus*, ou seulement y ont été traités comme *mineurs* ;

» De réaliser l'ASSOCIATION UNIVERSELLE que les cris de *liberté* poussés par tous les *esclaves*, FEMMES ou PROLÉTAIRES, appellent depuis la naissance du monde.

» J'ai parlé d'abord au PROLÉTAIRE.

» Au nom de SAINT-SIMON, mon Maître, je lui ai annoncé la destruction de tous les PRIVILÉGES DE LA NAISSANCE, qui écrasent le TRAVAILLEUR, et le livrent au bon plaisir de l'OISIVETÉ ;

» La fin des GUERRES qui le déciment, et qui arrosent de son sang la terre déjà baignée de ses sueurs et de ses larmes ;

» Le terme de cette CONCURRENCE haineuse qui

enfante la banqueroute et la misère, le crime et l'échafaud.

» J'ai dit. Mais je parlais pour être entendu surtout par ceux qui les premiers devaient entendre ; par ceux qui ont puissance d'affranchir et qui dominent, d'associer et qui divisent, de moraliser et qui perdent.

» J'ai dit : et ils se sont efforcés de ne pas m'écouter ; mais ma parole est entrée malgré eux dans leurs oreilles, et s'échappe à leur insu de leur bouche.

» Je puis donc leur laisser aujourd'hui le soin de la répandre.

» Hommes de tous les partis, je vous ai entraînés sur un terrain nouveau ; je vous y laisse ; vous avez besoin de vous y voir face à face, et d'y chercher vainement le guide qui vous y a conduits.

» Je vous affirme que, dès ce jour, il n'est plus d'autre POLITIQUE pour vous que celle qui nous a été enseignée par NOTRE MAITRE, et que depuis sept années nous avons proclamée sans relâche.

» Le gouvernement PARLEMENTAIRE et son mysticisme *bourgeois* se meurent ;

» La RÉPUBLIQUE et son anarchie *populaire* ne peuvent naître ;

» La LÉGITIMITÉ et ses *privilégiés* de château ne ressusciteront point ;

» TOUTES LES INSTITUTIONS SOCIALES DOIVENT AVOIR POUR BUT L'AMÉLIORATION DU SORT MORAL, PHYSIQUE ET INTELLECTUEL DE LA CLASSE LA PLUS PAUVRE ET LA PLUS NOMBREUSE;

» *A chacun le* TRAVAIL *selon sa* VOCATION, *et la* RÉTRIBUTION *selon ses* ŒUVRES.

» Voici la CHARTE d'ÉGALITÉ et de PRIVILÉGE de l'avenir.

» Il n'est plus d'autre POLITIQUE, vous dis-je; car du moment où j'aurai cessé de mettre *chaque jour* sous vos yeux cette feuille où depuis seize mois, je fais graver en caractères toujours nouveaux la CHARTE D'AVENIR; du moment où *le Globe*, que je vous ai contraints à lire en vous le *donnant*, aura cessé de paraître, chacun de vous retrouvera chez lui quelques lambeaux de cette feuille, qu'il lira haut comme son œuvre. Encore une fois je vous affirme qu'il n'est plus d'autre POLITIQUE; car notre héritage est un arsenal où ceux qui veulent *détruire* trouveront des armes plus puissantes que toutes celles qu'ils ont employées jusqu'ici, et c'est aussi un trésor de force et de richesse où ceux qui veulent *conserver* et *construire* trouveront des matériaux plus beaux que les plus beaux débris du passé, plus solides que les mesquins replâtrages de nos jours.

» J'ai parlé ensuite aux FEMMES.

» Je leur ai demandé d'écouter avec bienveillance, avec respect, l'homme dont la vie est consacrée à détruire la PROSTITUTION.

» De recevoir avec bonté, avec amour, la parole de cet homme qui veut aussi délivrer le monde de l'ADULTÈRE;

» De m'entendre et de m'aimer, enfin, moi, qui ai la sainte prétention de sauver le faible de la *violence*, parce que je suis FORT; et le fort de la *fraude*, parce que je suis VRAI.

» Or il est encore bien des hommes qui considèrent l'ESCLAVE, le SERVITEUR et le PROLÉTAIRE comme leur PROPRIÉTÉ, et qui réclament la *fidélité* et le *dévouement* de cette propriété vivante, en échange de la protection hautaine et du méprisant patronage qu'ils exercent sur elle : toutefois le nombre de ces hommes a diminué chaque jour devant la prédication de la FRATERNITÉ chrétienne.

» Mais depuis la fille des ROIS jusqu'à celle du PEUPLE, je ne sache point qu'il existe une FEMME de laquelle l'homme ne se croie en droit d'exiger *fidélité*, *dévouement*, *obéissance*, en échange de l'insultante TUTELLE que sa superbe *raison* et sa *force* brutale daignent accorder à l'être qu'il regarde comme un enfant sans *force* et sans *raison*. Devais-je donc m'étonner d'entendre couvrir de cris outrageants l'appel d'affranchissement et d'égalité que j'adressais aux femmes? Oh! non; je me confiais encore plus au retentissement de ces injures d'HOMME, lancées contre le libérateur de la FEMME, qu'à l'éclat de ma parole même.

» Je livre aux FEMMES cet héritage de LIBERTÉ. Je sais quelle a été jusqu'à ce jour la puissance destructive de ce mot de LIBERTÉ, jeté au milieu d'esclaves enchaînés et baillonnés; mais, grâces à DIEU, les esclaves ici, ce sont des femmes, et ce n'est point par le désordre et la brutalité qu'elles triomphent.

» Une phase de ma vie est aujourd'hui accomplie; j'ai PARLÉ : je veux AGIR. Mais j'ai besoin pendant quelque temps de repos et de silence. Une nombreuse famille m'entoure, l'APOSTOLAT est fondé.

» Je prends quarante de mes fils avec moi; je confie à mes autres enfants le soin de continuer notre œuvre dans le monde, et je me retire.

» Je me retire dans le lieu même où s'est passée mon enfance, sur l'une des hauteurs qui dominent PARIS; car je veux encore entendre et voir ce berceau du nouveau monde, et j'aime aussi à retrouver les souvenirs de ma vie passée, elle est bonne et douce à revoir.

» L'homme qui vous parle a vécu au milieu de vous, sa vie n'a pas été solitaire ; il a été connu de beaucoup d'entre vous, et, parmi ceux-là, il n'en sait pas un seul qui ne l'ait aimé : pourtant cet HOMME est livré aujourd'hui aux risées et aux calomnies du monde.

» Sa mère le berçait d'un nom de bonheur, parce qu'il souriait en venant à la vie ; DIEU entourait ses jeunes ans de plaisirs et de richesses ; son frère, enfant de poésie, le nourrissait d'harmonie et de lumière, et son enfance et sa jeunesse étaient heureuses au milieu d'enfants et de jeunes hommes à qui son amitié était douce : pourtant aujourd'hui, cet HOMME, vous l'abreuvez de sarcasmes et d'outrages.

» Il a *su* ce que savent les hommes de SCIENCE, il a vu et *fait* ce que font les hommes d'INDUSTRIE ; il a paru dans vos réunions et dans vos fêtes, et jusque sur vos champs de bataille, avec ses frères de votre GRANDE ÉCOLE ; tous, vous êtes venus à lui avec amour, parce que vous sentiez qu'il vous aimait ; tous, vous avez eu confiance en lui, parce que vous lisiez dans son âme ; et voilà qu'aujourd'hui, parce que cet HOMME prétend, AU NOM DE DIEU, MORALISER votre vie, voilà que vous lui jetez le mépris et l'injure.

» Celui qui fut AIMÉ de vous ne vous demandera

pas *raison* de votre *inconséquence;* il attendra et agira.

» Songez que l'homme qui annonce au monde ce que je vous promets, et qui, en si peu de temps, a fait partout retentir sa parole, songez que celui-là ne peut être accusé d'insanie; car ses accusateurs, en s'occupant autant de lui, auraient confessé d'avance leur propre folie; écoutez donc encore une fois, avant que je me retire du milieu de vous.

» Vous n'avez plus d'AUTELS, les TRÔNES sont ébranlés, les FAMILLES se déchirent; DIEU, les ROIS et l'AMOUR ne sont plus. Une RELIGION nouvelle, une POLITIQUE nouvelle, une MORALE nouvelle, voilà ce que je vous apporte; et moi seul je pouvais vous les donner, parce que vous m'avez aimé et parce que je vous aime.

» L'homme qui ose parler ainsi doit être écouté; car il a déjà prouvé qu'il savait se faire entendre.

» Vous avez sa *parole*, vous aurez bientôt ses *actes*.

» Mais, je vous le répète, je veux me reposer et me taire; car, pour parler vous-mêmes, vous avez besoin de mon silence.

» Je me retire donc avec mes enfants; gloire à eux, qui aident si puissamment leur PÈRE à accomplir la volonté de DIEU!

» Chers enfants,

» Ce jour où je parle est grand depuis dix-huit siècles dans le monde ; en ce jour est mort le DIVIN LIBÉRATEUR DES ESCLAVES.

» Pour en consacrer l'anniversaire, que notre sainte retraite commence ; et que du milieu de nous, la dernière trace du SERVAGE, la DOMESTICITÉ disparaisse.

» ENFANTIN. »

A ce manifeste, *le Globe* ajoutait les pièces suivantes [1] :

CONVOCATION.

« Notre Père suprême nous ordonne, à nous ses apôtres, membres de son collége, de convoquer à Paris, pour le 1er juin, tous les hommes et toutes les femmes qui nous aiment et qui mettent en nous leur espoir.

» Nous romprons à certains jours notre retraite pour les réunir autour de nous et leur annoncer la vie nouvelle que nous aurons conçue ; qu'ils se préparent à passer un mois près de nous pour recevoir l'inspiration des œuvres à faire ; que sur leur route, pèlerins nouveaux, ils proclament le but de leur saint voyage.

1. Ce dernier numéro du *Globe* renfermait en outre trois articles fort remarquables : l'un de Michel Chevalier, l'autre de Barrault, le troisième de Charles Duveyrier.

Michel Chevalier.	Barrault.
Duveyrier.	D'Eichthal.
Fournel.	Hoart.
Bouffard.	Talabot.
Lambert.	Stéphane Flachat.

» Nos bureaux, notre caisse, notre centre de correspondance, restent rue Monsigny, n° 6, siége de notre administration, dont la direction est confiée à Isaac Péreire pendant le temps de notre retraite.

» Notre Père nous a chargés de tenir la salle de l'Athénée, place de Sorbonne, qui est construite en amphithéâtre, à la disposition des *savants* qui auraient à faire des cours publics, et de la leur livrer *gratuitement.*

» Nous demandons aujourd'hui à M. le procureur du roi l'autorisation de disposer de la salle Taitbout, afin de la remettre *gratuitement* aux *artistes* pour des concerts ou des expositions de tableaux. »

Le même jour, Enfantin écrivit à Stéphane Flachat :

« Mon cher enfant, j'ai à t'adresser une grande parole ; écoute-moi. J'aurai besoin pour le temps de notre retraite, peut-être. pour celui de notre voyage, d'avoir ici deux hommes prêtres *séculiers*, chargés de notre famille de France : la métropole appellera par eux notre retour ; leur voix et leur présence, et leurs écrits, seront des prophéties de la réapparition du messie : Bouffard et toi, me semblez ces hommes.

» Tu as fait plus que tu ne devais ou plutôt tu *ferais* plus que ton devoir, si après avoir réfléchi à la grandeur de la tâche que je t'indique ici, tu me répondais que l'apostolat *régulier* est ta place, entraîné que tu serais par le seul désir d'être à mes côtés.

» La mère Petit consent à opérer les payements de nos dettes passées, pendant les trois mois de retraite [1].

» Ménilmontant nous coûtera peu.

» Corèze donne sa démission ; Rousseau est bien, mais sa femme sera un grand obstacle.

» Bouffard a besoin encore de courir jusqu'à Toulon, tu es donc nécessaire ici ; d'ailleurs Dubois de Nancy est au milieu de nous, reviens donc avec les démissions de Metz et avec les démission-

1. La dette saint-simonienne fut liquidée et éteinte, en 1845, par un acte public passé devant Me Huillier, notaire, entre Mme Petit et Gustave d'Eichthal, qui fit un versement de 60,000 francs, produit d'une dernière cotisation.

naires eux-mêmes ; à moins que le voyage d'Arlon puisse se faire très-rapidement, et encore j'aime mieux te voir promptement...

» Nous voulons partir vendredi (Vendredi Saint) pour Ménilmontant, et finir *le Globe* le même jour. Lagarmitte est parti pour l'Allemagne, un peu en fuyard. Le célibat était, je crois, trop lourd pour lui La famille va bien, Talabot est revenu.

» Je t'embrasse. — ENFANTIN. »

Le 20 avril devait être marqué encore pour Enfantin par un événement d'un autre ordre, par le coup le plus violent qui pût l'atteindre dans ses affections privées, par la mort de sa mère que le choléra emporta en quelques heures.

A ce moment, Rodrigues, en homme de cœur qui avait toujours senti la puissance des affections de famille, fit taire en lui le dissident pour laisser parler le vieil ami et écrire ce billet et l'envoyer à Enfantin :

« Dieu, qui nous avait réunis pour son œuvre, nous a séparés aussi pour son œuvre, gloire à Dieu ! nous sommes forts, et nos sentiments d'autrefois ont bien su fléchir devant l'œuvre. Mais Dieu qui vous avait donné une tendre mère vient de vous la retirer. Je l'ai vue auprès de vous quand vous souffriez, et, homme, je m'en souviens, et je vous le dis parce que vous êtes un homme, et que vous comprendrez ce bref témoignage du passé.

» Adieu, continuez votre œuvre, et moi la mienne. — Rodrigues. »

Enfantin était un homme en effet. Nous avons vu qu'il s'en souvenait au milieu de la plus grande exaltation que la pensée religieuse eût provoquée autour de lui; il s'en montra plus pénétré que jamais quand la mort vint frapper si soudainement à ses côtés la femme qu'il chérissait le plus au monde. Son premier soin fut de songer à son père, alors à Genève, et de faire partir son ami Holstein pour aller aider le vieillard à porter le poids de cette cruelle épreuve. Il écrivit ensuite à ce père accablé :

« *Prosper à Barthelemy Enfantin.*

» Pauvre Père, que de douleur sur toi! Je n'ai pu t'écrire encore, je ne pouvais pas mettre sur le papier de nouvelles larmes pour toi, j'aimais mieux te sentir dans les bras d'Holstein et près d'Émilie, parlant de moi, que pleurant sur une lettre de ton fils. Je t'ai envoyé ton second fils Holstein; Holstein qui vous aime comme Auguste vous aimait; Holstein que la pauvre mère nommait son enfant et qui lui disait mère; embrasse-le bien, père, embrasse-le aussi pour moi, car il a bien souffert de notre douleur.

» Jallat était près de moi, me donnant le bras dans notre douloureuse cérémonie. Père, si tu crains quelquefois pour mon avenir, l'affection qui m'a entouré ces jours-ci est faite pour te rassurer. Les journaux (*la Gazette de France* elle-même) ont dit cet entourage d'amour qui venait consoler ton fils souffrant, au moment même où le monde, dans son erreur, nous croit pourtant, nous saint-simoniens, prêts à disparaître. Une foule considérable, tête nue, par un soleil brûlant, dans un ordre parfait, calme et religieux, me suivait; plus de trois cents m'accompagnèrent encore en ordre jusqu'à Ménilmontant, là, sur la pelouse, je leur fis pour quelque temps mes adieux, demandant à ceux qui durant l'année avaient perdu une femme dont ils étaient aimés, de venir m'embrasser, six vinrent pleurer sur moi.

» Combien aussi, cette chère Aglaé, ta fille aussi, a été bonne dans tous ces jours de tristesse! Sa santé délicate l'a seule empêchée d'aller avec Holstein près de toi. Elle est venue ici hier, avec la mère Petit, nous faire leurs adieux pour le temps que nous allons passer retirés à Ménilmontant que mes fils en ce moment rapproprient et réparent.

Quarante restent près de moi comme *le Globe* l'a annoncé; Michel et Bouffard tiendront à Paris la direction de tous nos intérêts et de la portion de la famille qui reste rue Monsigny pour l'enseignement du peuple et la propagation en France et à l'étranger de notre foi. — Ici, par le travail manuel, l'exercice et l'air, nous prenons le repos d'esprit qui nous était nécessaire et que la santé de plusieurs exigeait, non pas la mienne; car malgré nos travaux et mon chagrin actuel, malgré la crise nerveuse que ce jour cruel m'a occasionnée[1], j'ai une santé comme la tienne, père; tu m'as donné ta force prodigieuse, comme cette pauvre mère m'a donné son imagination ardente, tendre, généreuse.

» Adieu, père; Ménilmontant a été pour la doctrine un lieu où tous mes enfants ont commencé à puiser la vie que je leur donne, vie d'amour et de

1. Le jour de la mort de Mme Enfantin, lorsque son état était désespéré, mais que l'agonie n'avait pas encore commencé, Enfantin fut pris d'une crise de larmes et de sanglots qui dura plusieurs heures. Devenu plus calme, il dit à ses disciples :

« La perte de ma mère est pour moi une grande douleur; toutefois, dans ce que j'éprouve, il y a autre chose que la violence du chagrin, il y a un effet physique : comme ma mère vivait en son fils, elle meurt en lui. »

Cette mort n'était d'ailleurs pour lui qu'une transformation, douloureusement accomplie.

bonté ; ils l'ont puisée lorsqu'ils t'ont avec Jallat, sauvé la vie. Ménilmontant est encore aujourd'hui un lieu de grand enseignement pour eux. Je veux qu'ils y reçoivent de moi tout ce que ma mère m'a donné de bonté et d'exaltation dans l'âme.

» Je t'embrasse. — P. ENFANTIN. »

Rodrigues n'avait pas été le seul dissident à qui la mort de madame Enfantin eut fait éprouver et exprimer un vif sentiment de sympathie pour la grande douleur de son fils. Transon, retiré à Versailles, avait écrit à mademoiselle Sainte-Hilaire :

« Ma chère Aglaé, je viens d'apprendre le malheur qui est arrivé à Enfantin, je sens qu'il doit bien souffrir et vous aussi. Je sens qu'en dehors de toutes les questions qui m'ont éloigné de lui, il reste un lien pour moi qui durera ; car, entre plusieurs je lui dois, à lui particulièrement, de m'avoir fait sentir tout le prix d'une bonne mère ; je lui dois d'aimer la mienne plus tendrement qu'auparavant. Pourquoi, mon Dieu, tant d'illusions ontelles été détruites ! Je sens que nos regrets d'être ainsi dispersés seront cuisants, à chaque douleur qui affligera l'un de nous. Mais sans doute tous ceux qui seront de bonne foi *se retrouve-*

ront un jour. Adieu, je vous embrasse et vous aime. »

Mademoiselle Sainte-Hilaire répondit :

« Merci, Transon, de votre souvenir. Mais celui qui a pu vous apprendre à aimer votre *mère*, dites, ne lui donnez-vous pas, au fond de votre cœur, le titre de *père?* et s'il n'en est pas ainsi, comment donc l'aimez-vous encore? Ah! sachez-le bien, il mérite toujours vos respects, et c'est vous faire bien petit que de ne pas sentir qu'en le nommant il doit être plus pour vous qu'un camarade.

» Pardon, mon cher Transon, je vous ai aimé comme mon frère, je vous exprime un peu vivement ce qui me blesse en vous, lorsque je ne voudrais n'avoir qu'à vous remercier d'avoir partagé notre douleur.

» Les douleurs de celle que nous aimions sont passées; les nôtres nous rapprochent de celui que vous ne connaissez pas encore, et cependant il vous vous a appris à aimer votre mère plus tendrement. Il y a bien des choses dans ces paroles.

» Les femmes ne vont point à Ménilmontant; elles se retirent chacune chez elle; et c'est chez moi que vous me trouverez si vos pas vous portent de ce côté.

» Mille tendresses affectueuses à votre excellente mère : moi aussi, on m'a appris à l'aimer.

» AGLAÉ. »

Mlle Sainte-Hilaire reçut aussi, à l'occasion de la mort de Mme Enfantin, une lettre d'une parente de cette dame, Mme Émilie M....., alors à Genève avec son mari ; lettre où se trouvaient très-bien appréciées les qualités essentielles de madame Enfantin et la mission grandiose de son fils. Voici un extrait de cette lettre :

« Mademoiselle, j'ai besoin de pleurer avec vous l'aimable et excellente amie que nous avons eu le malheur de perdre..... Non, sûrement, vous ne m'étiez point inconnue ; l'amie de madame Enfantin ne pouvait pas m'être étrangère. Combien de fois nous avons parlé de vous dans ces longues soirées d'hiver où j'étais si bien accueillie par notre excellente amie, et que de larmes nous avons versées ensemble! Je lui parlais d'une fille adorée..... elle me parlait de son Auguste, et les larmes que faisait répandre une triste conformité de peines étaient adoucies par l'amitié ; mais ce qui tourmentait cette bonne mère, c'était l'avenir de son fils, sur lequel elle avait reporté toute sa tendresse et toutes ses espérances. Il ne sera jamais heureux, me disait-elle souvent ; jamais il ne jouira du bien qu'il veut faire aux hommes. Je cherchais à la rassurer, je lui montrais un avenir plus heureux, les hommes devenus meilleurs, la pensée agrandie, et TOUT CELA L'OUVRAGE DE SON FILS! Comme alors elle me serrait la main et me regardait avec cet air caressant que vous lui connaissiez, comme pour me remercier du bien que je lui faisais. Cependant sa santé s'altérait visiblement. Tous les jours son visage était inondé de larmes. Je meurs ici, me disait-elle, je ne peux plus vivre loin de mon fils; engagez M. Enfantin à me laisser partir. Combien j'ai de regret de ne l'avoir pas détournée de ce projet; mais nous étions loin de prévoir que cet horrible fléau allait fondre sur cette malheureuse ville, et que cette bonne mère serait une de ses victimes. Pauvre petite Augustine, j'ai pensé bien souvent à elle; sa perte est grande, mais je suis rassurée sur son compte depuis que je sais qu'elle trouvera en vous, mademoiselle, une seconde mère; dites-lui que j'apprendrai toujours de ses nouvelles avec plaisir. Je ne vous parle pas de M. Enfantin, je ne l'ai pas encore vu; mon mari a craint pour moi une trop forte émotion; combien j'ai regretté de ne pouvoir vous remplacer dans ces tristes soins; mais il a été entouré de tous ceux de l'amitié. L'arrivée de M. Holstein a été pour lui l'arrivée d'un fils. Ces messieurs sont à Lausanne depuis hier; j'espère que demain ils dîneront avec nous. Dites, je vous prie, mademoiselle, à M. Prosper, que je suis extrêmement sensible et fière des sentiments qu'il veut bien conserver pour moi; il a besoin de courage pour son entreprise. Ses grandes pensées se propageront, je n'en doute pas; elles prépareront à l'Europe une régénération; alors on adressera des remerciements à ces jeunes gens vertueux et courageux qui ne craignent pas d'encourir le blâme de leurs contemporains pour améliorer le sort des siècles à venir. — Recevez, mademoiselle, etc. — Émilie M. »

M. Enfantin père répondit à son fils :

« Je n'ai donc plus que toi au monde, cher Prosper! quel coup de foudre, et combien j'étais loin de m'y attendre! C'est comme à l'occasion de mon pauvre Auguste, il était mort lorsque nous lisions sa dernière lettre. La meilleure des femmes et des mères m'écrit le 19, et le 21 elle n'est plus, et je l'apprends au moment où je finissais une lettre de quatre pages pour toi. — Pour moi, plus de consolation, mon ami; que puis-je faire maintenant en ce monde? La mort, la mort seule peut mettre fin à mes peines; mais le sort ne m'a pas assez poursuivi, ce n'est que lorsque je serai anéanti que je ne souffrirai plus. Il serait cependant bien temps que le sort me laissât un moment tranquille. Je te sais bien bon gré de m'avoir envoyé Holstein. Je ne crois pas que je puisse me décider à aller à Curson. J'ai trop besoin de te voir, de pleurer avec toi la perte que nous avons faite. Adieu, mon ami; je suis trop accablé pour pouvoir t'en dire davantage. Adieu. — B. ENFANTIN. »

Enfantin reçut la lettre de son père à Ménilmontant, où il s'était retiré avec ses disciples restés fidèles, le jour de l'enterrement [1] de sa mère. Le récit de cette cérémonie et de l'installation immédiate de la famille saint-simonienne dans sa retraite, se trouve dans la lettre suivante, écrite à Holstein, à Genève, par Stéphane Flachat, sous l'inspiration d'Enfantin :

« Mon cher Holstein, le Père a reçu ta lettre hier ; elle lui a fait du bien ; il t'en remercie, t'embrasse et te recommande de le tenir bien au courant, et de lui écrire souvent et longuement.

» Tu nous as quittés, cher frère, au moment où nous partions pour la cérémonie. Tu avais pu juger déjà de la foule qui venait s'empresser de donner

1. Ce jour-là, il ne restait plus rien dans la caisse saint-simonienne. M. d'Eichthal père, informé de cette pénurie, envoya un billet de mille francs à Enfantin pour payer les frais des funérailles. Mme Petit pourvut aux autres charges.

par sa présence témoignage au Père de sa reconnaissance ou de son respect. Plus de mille personnes l'ont accompagné jusqu'au Père-Lachaise, et une grande partie a suivi jusqu'à Ménilmontant. Je crois que tu ne sais pas dans quel ordre nous avons marché.

» Ollivier, Rigaud, Ch. Pennekère et Bergier étaient aux quatre coins du poële. La voiture était suivie de douze de nos fils sur deux files écartées, puis le Père appuyé sur Jallat ; Michel et Barrault, Fournel, Talabot, Duveyrier, d'Eichthal, Lambert, moi et toute la famille, et tous les assistants quatre par quatre. La tenue de tous a été superbe; pour celle du Père, rappelle-toi le 27 novembre. Cette cérémonie a produit une grande sensation, et je suis sûr qu'en nous voyant, bien des hommes ont compris, plus que par nos plus belles prédications, le sentiment religieux qui nous anime.

» Arrivés à Ménilmontant, le Père nous a tous fait ranger en cercle autour de lui, et il a parlé quelque temps sur notre retraite; puis, par une de ces inspirations qui n'appartiennent qu'à lui, il a appelé à venir l'embrasser tout homme, connu ou inconnu, qui dans l'année aurait perdu une femme qui lui avait été chère. Beaucoup sont venus; tu penses si cette communion a été touchante.

» Depuis ce jour, le Père n'a point quitté Ménilmontant; dès le soir, le collége y a couché aussi, et successivement, à mesure que les hamacs et les lits de sangle arrivaient, et que les chambres étaient disposées, le reste de la famille, ou du moins les autres membres appelés à la retraite, sont venus s'installer. C'est fini aujourd'hui, et les portes sont fermées depuis deux jours.

» Nos premières journées se sont employées à mettre en état la maison et le jardin, et déjà ni le jardin ni la maison ne sont reconnaissables. Nous nous sommes tous mis à l'œuvre, badigeonneurs, peintres et colleurs, jardiniers, terrassiers ; pas de métier que nous n'ayons fait, nous trompant quelquefois, nous perfectionnant tous les jours, et d'une très-jolie force aujourd'hui. Au moment où je t'écris, les *ouvriers* sont dans les deux escaliers, c'est par là que nous finissons ; on les peint, on les frotte, et tout l'intérieur sera fini. Nous nous mettrons ensuite à l'extérieur de la maison ; nous voulons lui faire un chemin superbe, et en même temps le jardin s'achèvera sous la direction de Fournel et de moi, aidés principalement de Toché, Rousseau, Petit et Ch. Pennekère. Nous avons déjà fait disparaître le mur qui faisait séparation dans le jardin, ainsi qu'une partie de la haie, ce qui donne au jardin de l'air et de la grandeur.

» Je te parle de nos œuvres, frère, comme nous les faisons, *gaiement*. Je n'ai pas besoin de t'ajouter que cette gaieté et notre zèle tiennent à notre foi et à notre conviction de l'importance de l'œuvre que nous accomplissons. Venus ici pour constituer définitivement le noyau de la famille universelle et l'apostolat qui doit la prêcher au monde, nous savons, nous sentons ce qu'il y a de religieux dans tous ces travaux *domestiques*, accomplis sans *domestiques* et sous la *règle* d'une *hiérarchie* toute d'*amour*. Nous voyons-là un moyen de nous assouplir tous à une vie mâle, active, courageuse et ordonnée ; de nous donner des habitudes d'ordre, d'obéissance et de commandement. Surtout nous sentons que cette vie solitaire, ou du moins isolée du monde, va nous obliger de nous replier sur nous-mêmes, et nous forcer à abandonner ce qui nous pourrait rester encore de contrainte, de gêne, les uns entre les autres, pour nous initier à une communion de plus en plus intime, profonde, sacrée, et telle que nous pourrons bientôt dire en toute vérité : *Nous formons une famille*. Alors nous pourrons parler de notre père comme il convient de le faire, afin que le monde le connaisse, et nous saurons en parler alors de telle façon, que le monde nous croira et viendra à nous.

» Nous avons passé les premiers jours un peu en confusion, il y avait tant à faire et un si grand désir de faire vite, que la règle n'était pas possible à imposer pour les premiers jours, mais hier nous avons eu réunion et les premiers jalons ont été posés.

» Je vais tâcher de te les faire connaître ; tu suppléeras facilement à ce que je pourrais oublier d'un peu important, tu nous sais assez pour cela.

» Rigaud est chargé du service général de la maison ; il a sous ses ordres, pour le matériel et le linge, Bruneau et Simon, et pour le service de table, un des membres de la seconde section du collége, et Desessarts et Toché. Toutes les semaines un des apôtres est de service, excepté Bouffard et Michel qui sont à Paris, comme tu sais, mais venant nous voir tous les jours ; et d'Eichthal et Lambert qui, pour des motifs fort différents, ne sont propres, ni l'un ni l'autre, à un service et à un commandement réguliers. L'apôtre de service est adjoint à Rigaud pour surveiller tout le service, et pour faire, notamment à l'heure des repas, le service de la table des Pères, et son service personnel le matin et le soir.

» Nous dînons dans le jardin ou dans la grande

salle suivant le temps, la famille sur deux longues tables, et l'apostolat sur une table qui forme le fer à cheval avec les deux autres. Je t'en fais ci-contre une très-jolie figure, afin que tu *nous voyes*. Quand on aime bien, je sais que l'on veut se représenter ce qui se passe.

» Le service est fait par les personnes que je viens de te nommer, et de plus par les fils de l'apôtre de service ; je te dirai tout à l'heure, comment nous nous sommes partagé la famille.

Nous nous levons à cinq heures ; nous déjeunons à sept, nous dînons à une heure, nous soupons à sept et nous nous couchons à dix heures. L'apôtre de service, Rigaud, et le membre de la seconde section du collége inspectent la maison le matin et le soir, afin de voir si les chambres sont convenablement tenues, si tout le service personnel est bien fait, etc.

» Michel et Lambert vont nous faire un cours d'astronomie, de géographie et de géologie. C'est la science *du monde*. C'est la grande initiation pour nos poëtes ; nous avons à faire une cosmogonie nouvelle ; la science n'y peut être étrangère.

» Fournel fera quelques leçons d'exploitation ; j'en ferai sur les canaux et les sondages. David, le musicien, et Rogé, nous apprendront la musique ;

il y a de superbes voix dans la famille, et je crois que bientôt nous chanterons de très-beaux chœurs.

» Voici comment les apôtres ont groupé la famille autour d'eux :

Le Père a autour de lui : Ollivier, Rigaud, Broët, Jallat.

Barrault. — Retouret, Mercier, Bergier, Rochette.

Talabot. — Machereau, Tourneux, Auguste Chevalier.

D'Eichthal. — Rousseau.

Duveyrier. — Rogé, Cavel, David, Justus.

Lambert. — Petit, Poujat.

Fournel. — Bottiau.

Moi. — Franconie, Ch. Pennekère.

» Simon, Henry, Raymond Bonheur, Toché, Desessarts, Desloges, sont logés dans de petites chambres ; tous, excepté Raymond, sous les ordres de Rigaud ; Husson le cuisinier et François son aide font également partie de la famille, et sont aussi sous les ordres de Rigaud. Maire m'interrompt pour emporter cette lettre à Paris ; j'ai cependant bien des choses à te dire ; je reprendrai cette lettre un de ces jours. Nous t'embrassons et t'aimons tous. »

A la douleur de perdre sa mère se joignit alors

pour Enfantin le regret d'être abandonné par un de ses disciples bien-aimés, Lagarmitte, auquel il adressa cette admonition d'une nature toute paternelle :

« C'est ma faute, mon pauvre enfant, si tu nous a quittés, au moment où, dans la retraite, nous allons préparer nos *corps*, notre *chair*, à la sainteté de l'apostolat nouveau. C'est ma faute, et tu l'as bien senti, puisque dans ta lettre à Michel, tu n'as pas dit un seul mot de moi et pour moi. C'est ma faute, car tu m'avais livré ta vie mauvaise, c'était pour que je la rendisse bonne en la mêlant avec la mienne. Je ne l'ai pas fait comme je l'aurais voulu, ni comme je l'aurais dû, puisque je me sens aujourd'hui forcé, poussé de Dieu à t'écrire.

» Cher enfant, je t'ordonne, mais aussi je te prie de songer sans cesse à moi ; Dieu m'a donné mission, durant une phase de ma vie, de veiller à TOUS, et m'a condamné par là à négliger un peu CHACUN. Il me tarde de mourir de cette vie TOUJOURS SOCIALE, TOUJOURS PUBLIQUE, il me tarde... car j'attends ce moment comme j'attends une femme. Sans elle, je me sentirai toujours faible devant les faiblesses de *chacun* de mes fils, et pas assez fort devant la force de *chacun* d'eux : je te prie donc de songer à l'*imperfection* de ton père, *à ce qui lui manque*, lorsque toi-même tu te sens imparfait et vide d'amour.

» Appelle donc partout la femme de ton père, ta mère, qui doit donner des mères à tous les enfants isolés qui cherchent l'ombre et la solitude; appelle-là de toutes les forces de ton âme, et dis-lui, pour qu'elle t'écoute, qui est ton père, et comment il t'aime.

» ENFANTIN. »

FIN DU SIXIÈME VOLUME

Imp. L. Toinon et Cie, à Saint-Germain.

Imp. L. Toinon et Cie, à Saint-Germain.

www.ingramcontent.com/pod-product-compliance
Ingram Content Group UK Ltd.
Pitfield, Milton Keynes, MK11 3LW, UK
UKHW021104230726
13926UKWH00004B/1997

9 782013 650939